Philosophy

廁所裡的哲學課

每天14分鐘，跟著蘇格拉底、笛卡兒、尼采等13位世界哲人，秒懂100個最經典的哲學思維

Klo-Philosoph... ...scheißer

Adam Fletcher・Lukas N.P. Egger・Konrad Clever

Contents

第四章 立場與觀點

第五章 享樂主義和選擇

第八章 理性主義與經驗主義

第九章 道德與烏托邦

第十章　虛無主義與信仰

第十一章　文字與語言

第十二章 科學與典範

哲學家的廁所

前言
廁所裡的哲學課

柯聰明教授致學生的一封信

親愛的同學們：

　　歡迎加入廁所大學！既然你們已就定位，就讓我們立刻開始吧。你們如果瀏覽四周一圈，可能會發現這裡和以前上過課的教室大不同，除了有較多的瓷磚外，還放了漫畫書，而且空中可能還飄著一股不太舒服的氣味。總而言之，廁所大學的教室像極了一個簡陋的廁所，不過別擔心，這是故意營造出來的……

　　你們知道自己一生中，有超過一年七個月又十五天的日子，是在廁所渡過的嗎？而其中有整整九十二天是坐在馬桶上的。試想，每天從中花上一、二十分鐘做些有意義的事，豈不是個好主意？如此一來，廁所不僅是個舒解之地，也可以成為啟發之源。解手後不僅身軀輕盈些，還可以多帶點腦細胞回到日常生活。

　　廁所大學的崇高目標，就是提供簡單卻具啟發性的知識解放，我們針對那些不想久待，卻又希望能在知識上得到滿足的人，一個既新穎又引人入勝的概念。因此，本書以不同的「課程」區分，方便每日坐在馬桶上閱讀。理論上來說，你無須按順序閱讀，不過我還是建議大家依章節順序閱讀，畢竟這些概念彼此相互關連。

　　現在，我們就從哲學開始。你們手上這本書對於那些「自以為聰明的人」再適合不過了。哲學是一個引人入勝的主題，但是不幸的是，哲學往往被展示得極其無聊，每位哲學家被介紹得像動物園裡

的動物般，這裡有一個康德（1724 至 1804 年），那裡有一個尼采（1844 至 1900 年），還有，請千萬不要觸摸！

當然，我們去動物園的目的，不是為了能詳細閱讀那些內容正確，可是卻枯燥乏味的解說。我們其實是想看猴子把屎丟向遊客，或是突襲河馬性交時的模樣。我們不想無止境地被一堆「事實」騷擾，或是忍受令人感到鬱悶的說教。我們想要的是刺激的故事和情節，我們想知道哪個哲學家最像蝙蝠俠？誰住在桶子裡？當然，還有如何可以賣弄哲學，好在派對上引誘俊男美女？

所有這一切以及更多的內容，都會一一呈現在這本內含十二章節的書籍中，我們會由提問與解答開始，並以科學與範例收尾，之後還有個結業考試，你們務必通過，如此才能成為世界認可的（廁所）哲學家。當然，這本書不能取代多年的苦讀以及正式的大學文憑，不過它卻提供了一個寓教於樂的情境、一些小聰明以及中學程度的必備知識。

你們或許想知道為何該從哲學，而非其他有用的知識領域，例如工程、法律、資工或風水著手。哲學家不都是些終日閒坐思考無常，並有著滿頭白髮的希臘人或德國人嗎？哲學真能幫助你們瞭解自己生命嗎？

親愛的（廁所）同學們，哲學是一門學習之道，它能提供你們一個可以終身建立自我精神發展的基礎。哲學不在追求答案，而是為了能提出更好的問題。正如愛因斯坦所說：「用製造出問題的思路

是無法解決問題的。」哲學能幫助你們由新的視野去面對問題。

可惜，哲學也不是永遠行得通的。有個故事能貼切表達可能會發生的意外：一位年輕的哲學家，無可救藥地愛上一位美麗女孩，然而對方不僅興趣缺缺，也拒絕他所有的邀約。如同許多其他的哲學家，男孩也擅長言語，於是他決定每天寫一封情書，許下必要的承諾以及提出具說服力的論點，他自認可以贏得芳心。男孩於是每天寄一封情書，直到最後，女孩答應嫁給郵差。

簡單來說，哲學的重點是用來釐清問題：「我愛她，她（還）不愛我」。哲學也追求遠大目標如「世間有更多愛」。哲學對尋求解決方法也有所助益，「我會用美麗的詩句以及充滿智慧的論點愉悅她、包圍她，證明我對她的愛」。然而，落實為行動時卻往往出人意料之外——她因為信件而有機會和帥氣的郵差聊天。

思考如何用哲學解決日常生活的小問題，就好比為了多認識些女人而想當上總主教。不幸的是，哲學常提出那些沒有簡單答案的問題，例如哲學家不會問午餐吃什麼，而是會提出「只為了吃而殺生，是否是件正確之事」的疑問。不過，追求正確的答案一樣也是至高無上的光榮。

哲學不提供解答，況且這也不是它的任務。相反的，哲學的強項在於開闢新視角以及散播理解。現在你們有機會認識偉大思想家的思想以及信仰，我相信你們會喜歡的。

你們的教授　柯聰明教授

PS 哲學也是最容易讓他人以為自己很聰明的方法，而且還不需要瞭解高等數學。再說，有幾個人懂高等數學？

Too long, didn't read

在「**Too long, didn't read**」的部分，我會總結該課程的內容，並且寫幾個相關笑話。然而整本書中，沒有一篇討論西方哲學的部分是屬於「**Too long, can't read**」的，所以理論上，應該沒有不讀完整篇內文的理由。

第 1 堂課　哲學到底是什麼？

與其他（極可能可以賺比較多錢）的學科相比，哲學是什麼？

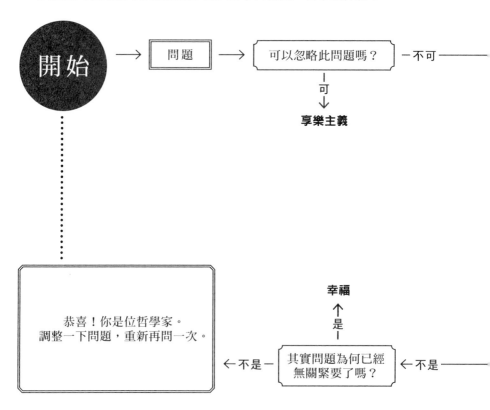

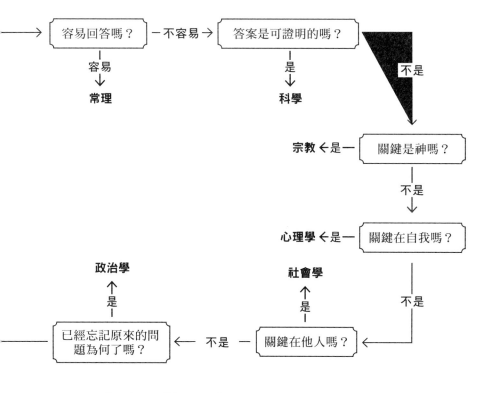

→ 容易回答嗎？ —不容易→ 答案是可證明的嗎？

容易
↓
常理

是
↓
科學

不是
↓

宗教 ←是— 關鍵是神嗎？

不是
↓

心理學 ←是— 關鍵在自我嗎？

政治學

↑
是

社會學

↑
是

已經忘記原來的問題為何了嗎？ ← 不是 — 關鍵在他人嗎？ ←

不是
↓

Too long, didn't read

如果找不到答案，也可能是因為沒有答案，不過你在思考的過程中還是能有所收穫。大部分的答案都含有正確、存在、簡單這三種特點的其中兩項。為你找到個人哲學感到開心吧！

第 2 堂課　最暢銷的哲學神話

　　打從原始人指著太陽，感到好奇的那一剎那，人類就開始忙著瞭解這個孕育眾人的奇異世界。一開始，我們試著用單一故事衍生出各種可能的結果，來解釋世界的起源：

> （一）世界源自一切荒蕪

> （二）上帝創造了世界

> （三）人以各種令人發噱的開天闢地故事解釋世界（故事裡往往有獨角獸、龍、鬼怪、洪水、半人半神等）

> （四）世界是人類自己創造的（憑藉相對其他生物的獨特性與優勢）

這類故事感人、實用，卻也因為能隨意套用，所以毫無邏輯可言。然而，這些故事多少也減輕了人類內心的壓力，也就是我們根本不懂這個世界，於是神與神話剛好可以派上用場，相信一切都操之在他人手上的信念，使我們可以輕鬆看待一切，即便類似戰爭、飢荒、政治甚至是巧克力起司鍋等，各種荒謬的事件也都因此有了解套。因為所有事物都是大「籌劃」（Entwurf）的一小部分，因此一切並非只是混亂而已，其中還夾雜著更深層的涵義、神祕主義以及眾神間有趣的陰謀。

不過，這一切並未因此改變，生活還是如往昔般混亂以及隨機，一些思想家開始不相信「籌劃說」，因為它太直白了，當然也有可能是因為他們喜歡當思想家，或是因為他們根本不懂巧克力鍋有啥好吃的。

大約兩千五百年前，這些思想家互動更頻繁，甚至開始對眾人宣揚理論（當時常被認為是異端），他們提供獨斷的解釋，因為自認已洞察一切，然而實際上，他們也只是以類似「就是這樣」的說法來詮釋，這樣的表達方式因而被冠上污名，漸漸地，人們解釋世界的角度從神話轉移到「邏各斯」（logos，希臘文表示涵義、理性），也就是這些哲學思想家所說的「完善的話語」。

新的信念開始成熟，人們相信閃電的產生不是因為神心情不好，或是為了處罰人類收成欠佳；海怪出現也不是因為祭獻的奴隸不夠多，而是有更合理的原因，於是，靜電、灌溉不足、孟山都[1]等成了新的罪魁禍首。每次的推論雖然未必全然正確，但我們至少嘗試了其他的可能，開始尋找世界裡「行為」、「反應」、「原因」及「影響」的因果關係。

突然間，要思考的事情變得很多，可是商人、士兵和農民都已從事了有意義的活動，於是眾人一致決定，那些沒有實際求生技能者也該有份工作，所謂的「職業思想家」則應運而生（畢竟古希臘時期尚未有計程車）。

職業思想家的工作

他們分別負責思考以下問題：

1. **認識論：**
   我們可以瞭解世界什麼？我們可以靠什麼知識賺錢？

2. **形而上學：**
   世界為何存在？從何組成？為什麼沒有更多的蛋糕？

3. 道德：

行為舉止該如何？如何能成為好人？如果我不是一個好人，
該怎麼辦？

4. 美學：

什麼是美？如何說服一個好看的人和我發生關係？

━━ Too long, didn't read ━━

從神話（具娛樂效果的床邊故事）到以邏各斯（周全的論述）解
釋世界的方式產生了專業思想家，也就是哲學家這個職業。恭喜
你在成為其中一員的路上。

─────────

1. 孟山都（**Monsanto**）是一家美國農業生技公司，目前為基因改
   造種子的領頭生產商。

第 3 堂課　哲學家的樣貌

① **大腦**：從現在開始，它會是你最好的朋友，同時也會是最大的敵人。

② **眼鏡**：即便視力正常，你還是應該認為沒戴眼鏡的哲學家好比沒有水的游泳池般。雖有這個可能，但是沒意義。

③ **鬍子**：如同眼鏡。鬍鬚自動賦予知性，身為女性的妳也該考慮戴假鬍子。

④ **口**：為了說出類似「嚴格來說，你的建議不是關於語意學的對象，而是關於語意學的本身。」等句子。好的論述必須具備相關性、完整性以及直指重點等三部分。

⑤ **一派從容**：身為一個真正的哲學家，你必須接受即使自身工作無比重要，但 99% 的人類仍會將其完全忽略的這個打擊。

⑥ **記事本**：為了記下偶有的明智想法（還可以拿來做購物清單）。

⑦ **童貞**：可自行選擇，不過它是有可能將你和其它哲學家拉近距離的共通點。

⑧ **斜掛袋**：可以把書（運動雜誌、女性雜誌、《哈利波特》、《廁所裡的哲學課》）放進去並且帶著到處跑，而且還可再放一本早已仙逝的哲學家寫的超級嚴肅無聊的《神學大全》精裝本。

⑨ **腿**：坐下時可以盤腿，別人視你為異端並且要將你丟上柴火堆焚燒時，可以用來逃跑。

⑩ **蘇格拉底式詰問法**：你必須隨時反問（參考第四堂課），越惹人討厭，就越接近決定性的突破點。

第一章
問題與解答

第 4 堂課　純真的智慧

小莎拉跑去找父親問道：「爸爸，什麼是社會？」

爸爸回答說：「親愛的，這是一個很難回答的問題。我想這樣打比喻好了：我是這家庭的經濟支柱，可以將我稱為資本主義，媽媽負責管錢，稱她是政府。因為爸媽負責滿足妳的需求，可以將妳當做人民。妳的保姆在居家生活上協助我們許多，我們稱她為勞工階級，而妳的弟弟則代表未來。現在回去想想我說的是否都有道理。」

然後小莎拉上床準備就寢，並且思考爸爸說的話。半夜時，她聽到弟弟哭了，便跑去他房間，結果發現弟弟身上的尿布全濕透了，於是她走進父母的臥室，看見媽媽在睡覺，爸爸則不知所蹤。小莎拉不想叫醒媽媽，所以直接去找保姆，可是保姆的房門是鎖著的，小莎拉輕輕敲門也無人反應，於是她從鑰匙孔看進房間裡，發現她父親和保姆正躺在床上。

於是她決定打消原有的念頭，走回自己的房間。

第二天清早，小莎拉對父親說：「爸爸，我想現在我知道社會是如何運作的。」

「好哇，莎拉，解釋給我聽吧。」

「就是資本主義趁政府睡著時亂搞勞工階級，造成人民感到厭倦也覺得被忽視，而且未來情況也很糟。」

小朋友的純真著實令人佩服不是嗎？他們總是問為什麼黏膠不會在黏膠罐裡黏住？太陽為何會轉？為什麼企鵝在寒冬裡即使不穿鞋，腳也不結凍？當大人試圖隱藏自己的知識不足而不再提問時，小朋友對知識的渴望肯定會讓他們口乾舌燥、聲嘶力竭。

但是，如果他們的提問不是為了滿足自我，而只是想讓我們發現自己所知甚少、多少想法是錯誤的，以及有多少假設是未經證實的呢？在許多情況下，他們無止境甚至只為了確認而多次重複的提問模式，剛好是史上最偉大哲學家蘇格拉底的提問方式。

Too long, didn't read

提問比回答容易。事實證明，許多我們以為已經明瞭之事其實是錯誤的。此外，孩子往往比人們想像的還更聰明、狡猾。

蘇格拉底反詰法

人們常自以為對某些事瞭解甚深，然而一旦他人一股腦兒地追根究底時，很快就會發現情況並非如此。許多人常對自己的無知感到尷尬，對此，蘇格拉底卻有全然不同的看法。他的名言「我知道自己一無所知」，眾所周知，而他那類似偵探可倫坡的質問方式，讓被詢問者發覺自己其實所知甚少。

「蘇格拉底反詰法」提問方式：

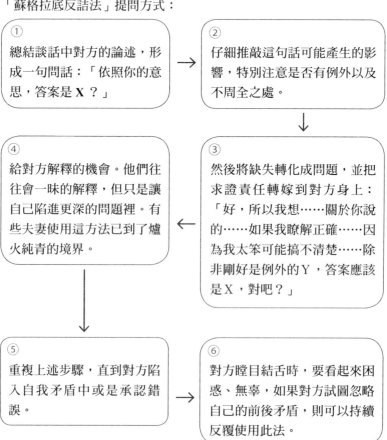

① 總結談話中對方的論述，形成一句問話：「依照你的意思，答案是 X ？」

② 仔細推敲這句話可能產生的影響，特別注意是否有例外以及不周全之處。

③ 然後將缺失轉化成問題，並把求證責任轉嫁到對方身上：「好，所以我想……關於你說的……如果我瞭解正確……因為我太笨可能搞不清楚……除非剛好是例外的 Y，答案應該是 X，對吧？」

④ 給對方解釋的機會。他們往往會一昧的解釋，但只是讓自己陷進更深的問題裡。有些夫妻使用這方法已到了爐火純青的境界。

⑤ 重複上述步驟，直到對方陷入自我矛盾中或是承認錯誤。

⑥ 對方瞠目結舌時，要看起來困惑、無辜，如果對方試圖忽略自己的前後矛盾，則可以持續反覆使用此法。

老師可以不提供資訊，藉此技巧引導學生找出答案，當然也有可能因為老師知識有限。

當老師像蘇格拉底般，假裝所知的不比學生多時，那些被不停詰問的學生可能也不會特別愉快。但是為了追求此處想達成的高尚目標，還是值得努力投入，因為這種方式可以幫助學生跳出錯誤的假設，並逐漸接近真相。只不過這方法最終帶給蘇格拉底許多麻煩就是了。

Too long, didn't read

人們可以用事實輕易迷惑他人以及他人的想法。蘇格拉底反詰法是一種可以釐清對方想法的簡易提問技術，即使失敗不成，也頂多是把對方搞糊塗而已。

第 5 堂課　圖解哲學：通往答案的路

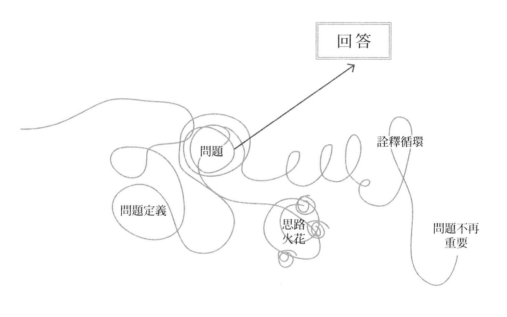

回答

詮釋循環

問題

問題定義

思路
火花

問題不再
重要

⟶　常人
〰　哲學家

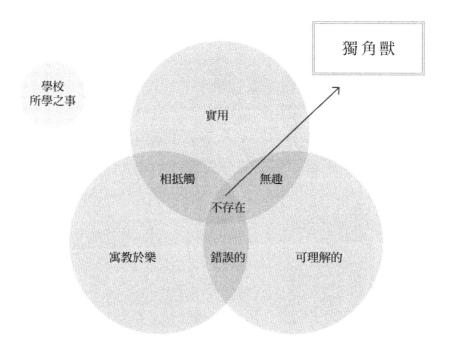

獨角獸

學校
所學之事

實用

相抵觸　　無趣

不存在

寓教於樂　　錯誤的　　可理解的

第 6 堂課　蘇格拉底小檔案

Philosopher Data

國籍	希臘
時期	西元前 469—399 年
影響程度	■■■■■■■■■
追隨者	柏拉圖、亞理斯多德、色諾芬（Xenophon）、小孩、談話節目主持人。

👍 最棒的點子

可以用蘇格拉底反詰法洞察他人意見是否毫無根基，然後像使用大鏈球般，一次次以詰問摧毀。蘇格拉底毋庸置疑是偽謙虛的始祖。

💬 軼事

蘇格拉底常被視為是一位有智識的超級英雄，他不懼粗暴也不畏脅迫，甚至在監獄裡等待伏法時，蘇格拉底還是保持著愉悅積極的心情，當他舉起毒藥杯時，妻子贊西佩（Xanthippe）忍不住痛哭抱怨：他無辜被判死刑太殘忍了。此時，蘇格拉底望向妻子，幽默地說：「難道妳寧願我是因為有罪而死嗎？」

🖊 名言

» 「認識自己的無知才是唯一真實的智慧」。

　　不要繼續庸人自擾。

» 「寧願因不公而受苦，也不要做不公正之事」

　　無論何時何地，都應該贏得證人的認同。

» 「未經檢視的生活是不值得活的」。

　　但是檢驗完善的生命會導致高額醫療費。

蘇格拉底的廁所

① **拐杖**：蘇格拉底散步時經常拎著拐杖，以便恐嚇他人。

② **毒藥杯**：蘇格拉底因為激進的思想和愛挑釁的行為，因此常跑法庭。他必須喝下毒藥做為懲罰。

③ **滿滿的夜壺。**

④ **低的水龍頭**：蘇格拉底矮小結實，雙眼下垂，還有朝天鼻。

⑤ **石頭**：在以教書謀生前，蘇格拉底是石匠。

⑥ **長矛**：蘇格拉底曾在重裝部隊裡擔任武裝步兵，所以行進時必須同時手持盾牌和長矛，頭戴盔甲。

⑦ **問號海報**：他熱愛問問題。

⑧ **現代代表人物**：可倫坡（Columbo）。這位來自洛杉磯的傳奇偵探與蘇格拉底一樣穿著破舊，給人一副邋遢的感覺。兩人都有令人稱奇又愛追根究底的提問方式，同時還喜歡裝笨而非強調自己的聰明。

第 7 堂課　當蘇格拉底化身為專欄作家

什麼？你們希望我能暫任「解惑專欄」作家？我？我這家喻戶曉的蘇格拉底？那不是挺諷刺的，因為我說過類似「我無法傳授他人任何東西，只能引導他們思考」這樣的話。我們試著暫停一下吧！因為原則上，我不靠工作生財，恰恰完美符合今日文字工作者僅能糊口的薪水。

Q：十五歲開始，我就和現任女友在一起，現在她的家人逼我娶她。我該怎麼辦？

——住在皮爾納的羅伯特

A：當然是結婚。如果她能成為好妻子，你會幸福快樂；如果她成為壞妻子，你會成為哲學家；如果她未來普普，那你可能會變成公務員。

Q：蘇格拉底，我有一位穩定交往的男友，他酒喝得比你少，然而我卻老會想到另一位同事。我該怎麼辦？

——來自萊比錫的蘇珊

A：生命是由兩種悲劇組成的：一是慾望無法滿足，二是慾望已被滿足。對已擁有事物無法滿足者，也不會對想擁有的事物滿足。嗯，有點小複雜吧？不如來個三人行！

Q：蘇格拉底，我是你的忠實粉絲！我在常去的酒吧用了你的蘇格拉底式反詰法，結果很慘，我總共被打了四次，還有一次被潑啤酒。我到底做錯了什麼？

——來自狼堡的提姆

A：你何以認為自己做錯事？

Q：就……大家都討厭我。我試著指出他們思路上的錯誤，可是他們都不想知道。

A：沒人想做這方面的改進。教育別人最佳的方式，就是別讓他覺得自己在受教。

Q：…… 好，但為何你的方式一定要如此窮追猛打呢？

A：為師者總得從中獲得點樂趣吧！不是嗎？

Too long, didn't read

因為蘇格拉底本身無偏見的態度，所以適合成為解憂專欄作家，至少適合不尋求解答的讀者。

第 8 堂課　如何提升你的知識？

大多時候，我們只注重答案，殊不知問題中揭露出的訊息往往比答案更多。商人、政治家和外交人員甚至會加強如何間接回應的訓練，或是如何只提供符合聽眾期望的答案。當大多數人只強調如何包裝答案之餘，卻忘記提問的內容早已透露了真正關心的主題。所以，一位好的廁所哲學家不應只著眼於答案，更應該注意提問的方向！

理想情況下，提問是獲得新知識的第一步。然而，知識不等同於理解，知識可分成四大類：

1. **已知的知識**：此為傳統對知識的認知。「我知道自己年紀，而且期望伴侶能比我年輕十歲。」

2. **已知的無知**：知識裡無知的成份，是蘇格拉底覺得最值得驕傲的部分。「我知道自己對烏干達的首都一無所知。」

3. **未知的知識**：那些我們認為不知道或尚未證實的假設。「當然，我會像布萊德・彼特一樣是位出色的演員。」此類知識常常淪為願望或是迷信。

4. **未知的無知**：真正的無知不僅意味著不知一些事物，甚至不知自己無知。此類知識無法經由學習獲得，因為根本不知道自己缺乏。「我不知道老婆和會計師會有一腿，早知如此，我就會自己申報所得稅。」

除了這四類的知識，另有兩種獲得知識的不同方式：

① **知道如此（事實）**：「我知道陡樓梯對醉鬼而言很危險。」

② **知道如何（方法）**：「我知道如何打電話給醫生，請他治療我因撞傷而引發的疼痛。」

究竟是「知道如此」還是「知道如何」比較重要，以及它們是否屬於同類的知識，或只有些許差別？各種爭議至今仍持續不斷。

Too long, didn't read

最危險的知識是未知的無知，因為那攸關認知上的盲目。如果不討論重力，而單純探討取得「陡梯是危險」的這個知識，究竟是經由事實或是方法，都無法改變會摔下來的結果。

第 9 堂課　舒馬克的質問

一旦深信某種答案或解決方法，而不再注意它們與原本初衷之間的關係是否已變調，就有可能會引發嚴重後果。皮克斯發行的電影《瓦力》（WALL-E），主角是位名為瓦力的小機器人，他的任務是清理地球。當地球早已被人類遺棄，並且只剩下他（和他唯一的朋友：蟑螂）時，瓦力還是每天持續清理地球，即使垃圾多到他不可能有完成任務的一天。

儘管如此，他還是持續專注於自己的工作，沒有意識到這件事已失去意義。一個社會也可能像瓦力般，只汲汲營營想達到自認的解決方案，卻不再質疑初衷，以及任務的意義為何。此情況下追求的，純然是一個空洞的教義。

舒馬克（E.F. Schumacher）影響世人的著作《小即是美》（Small Is Beautiful）[1] 讓我們瞭解，將國內生產總值變成評量一個國家的關鍵是錯誤的。我們堅信的經濟成長（或如作者稱的「巨人症」）是不言而喻的最佳例子。它會讓我們以為，即使自然資源是人類最重要的資產，還是可以恣意濫用，但資源是無價的禮物，一旦消逝即不再復返，不管怎樣抱怨都於事無補。

根據舒馬克的看法，只要環視周遭的大自然，就會發現萬物並不交相增長，更多的是平衡與和諧，而「巨大症」可能會使人類破壞自然平衡，如果我們願意拿自我深信的答案冒險一下，那還可以承受可能發生的小過失，但若我們將一切全押在單一的解決方法上，也就是將所有自然資源都押在紅色上時，一旦羅盤上的小球滾到黑色，那就 **Game over** 了。

「小即是美」是一個大膽的嘗試，它質疑社會上早已接受的答案，然而大多數人還是不願聆聽。好吧，處理批評、輿論嘲笑、社會排斥或甚至恐嚇等事一直是泛哲學的中心。

Too long, didn't read

哲學家舒馬克想藉《小即是美》一書揭示，一旦接受一個答案，其根本問題都早已變調時是很危險的。這也適用於諸如「越大越好」或「增長最佳」等理念。哲學的重點就是不斷質疑答案。

---

1. 作者註：我相信舒馬克在此指的不是銀行存款、智商或是男性生殖器。

第 10 堂課　圖解哲學：哲學的目的？

哲學的目的

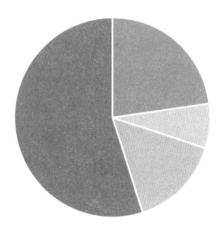

55% 失業

23% 贏得宴會上佳人的青睞

15% 嘲弄他人眼中神聖的概念

7% 用怪異的字彙混淆他人

0% 獲得聰穎的解答

無知的山谷

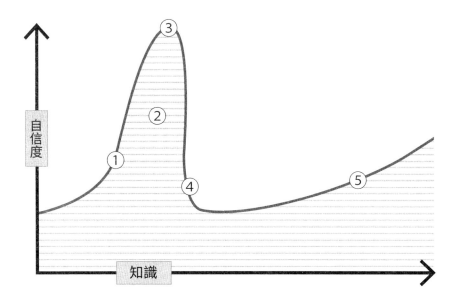

① 達克效應牆（**Dunning-Kruger wall**）

② 傲慢之山

③ 自誇的高峰

④ 謙卑的峽谷

⑤ 逐漸邁向平庸的漫長痛苦之途

第 11 堂課　真理究竟是什麼？

許多人對所謂的真理感到失望，那為什麼真理還能保有完美無瑕的名聲？我們現在會嘲笑那些以為地球是圓盤，或是相信拍照會奪取靈魂的人。從今日的角度看，曾經以為的真理，只是荒謬的想法和訛誤。因此，該質疑的是即使我們有過往的經驗可以借鑑，清楚今日的真理可能是下個世代捧腹大笑的笑話後，為何我們還能一副自以為是的樣子呢？

也許問題就出在真理本身！它那讓人翹首引領的概念，使人不希望與其切割。它也是種令人無法置信卻又千篇一律、稍縱即逝的喜悅，因為它承諾我們可以突破人類的基本瑕疵。

人的生命有時效性，但真理卻是永恆的；人類會有過失是確鑿的，真理則剛好相反，它無意識且不會消逝。人們一旦發現了真理，也就是一旦以為理解某事物或是它的運作方式時，其帶來的不單單是種看法，裡面還包含著自以為是，以為已經克服自身侷限性和不足的感覺。

所以，你可以將真理視為是一種自欺欺人的心理把戲。面對缺失時，我們只須顛倒它並將其美化成新的理想形式即可。也因為人類是有侷限性的，而真理是絕對的，所以我們崇拜真理，其實就是崇拜因隱藏缺陷而形成的偽裝，以保護自我。

就像人們不斷追尋最好的兒童教育一樣，我們也時常尋求真理，於是每隔一段時間就會重新審視所有事物。真理和謬誤的一線之隔也往往在於檢視的時機，一旦我們越深信不疑之事被視為只是神話或是謬誤時，我們就越會感到迷惘。

所以，我們應該試著放棄那些解答真理以及知識的想法，因為它們只會阻礙我們向前。一般販賣真理的人只是以每月訂閱的發行方式，用精美的方式包裝趣聞，並高價兜售而已。所以人們不應將任何事看得太認真[2]，更遑論類似哲學這種嚴肅之事。真理聽起來不錯，但就像明希豪森三重困境（**Münchhausen-Trilemma**）[3]裡所舉的例子般，它在現實中是一個無法實現的狀態。

┌─ Too long, didn't read ─────────────────────┐

大多時候真理只是美麗的幻想，所以我們最好不要把它過分當真。問題的本身本來就比答案有意思。

└──┘

---

2. 作者註：除了所得稅申報截止日，這必須審慎以對。

3. 此部分會在第 12 堂課討論。

第 12 堂課　明希豪森三重困境的真理

　　哲學家漢斯‧阿爾伯特（Hans Albert）發展明希豪森三重困境（Münchhausen-Trilemma）來說明為何真理是無從驗證的。他提出，所有想用邏輯證明為真理的假設最終都會落入三大困境之一，進而宣告失敗，這其中包含「無證假說」、「無窮倒退」以及「循環論證」。

困境 1：無證假說

　　無證假說常被稱為教條，也就是完全沒有任何論證空間。「X 是正確的，因為就是這樣！」一旦說出「人人皆知是如此」或「這很明顯」，就表示直落尋求真理的谷底了。這類言論基於「常理」或是「顯而易見的事實」（又稱常識）卻從未提出新意，只想在對方說出自己不想聽的話語前先行中斷對話。

困境 2：無窮倒退

　　每個命題需要不斷有新的前提支撐：「如果我們能證明 W，就能確認 X 是真實的，但是在證明 W 前，我們必須能證明 V，在證明 V 前要能先證明 U」。

困境 3：循環論證

　　命題間互相證明。聖經是上帝的話語，這是上帝在聖經裡昭示的。「X 因為 Y 所以為真，而 Y 也因為 X 而真實」。

三重困境論的起源

三重困境論以著名的「吹牛男爵」明希豪森命名，他曾自誇用了拔頭髮的方式，將自己從泥沼中拉出。當我們尋找生命最大疑問，也就是無可辯駁的真理時，我們往往會落進明希豪森的處境裡：沒有一個可以讓我們抓緊的中立點去驗證真理，並且同時和主觀意識保持距離。假如我們試圖拉自己的頭髮，則會陷入個人看法的泥沼中。這聽起來可能挺可怕的，因為它似乎破壞了哲學的用處，但在現實中，它並沒有那麼糟糕，因為相較於其他學派代表，身為廁所哲學家的你們已經接受自己的無知，你們對自己誠實，所以為了安全起見，對所有不可能之事乾脆都不要相信好了。

 Too long, didn't read

所有想變成真理的假說，一旦使用邏輯推論就會面臨三大困境，即「無證假說」、「無窮倒退」以及「循環論證」的其中一項，然而你還是會常常聽見一些類似騎著砲彈飛行[4]的謊言，好像這些說法是無證自明的。

---

4. 明希豪森男爵吹噓的其中一項事蹟，即是他坐在從大砲射出的砲彈上飛行。

第二章
真理與一致性

第 13 堂課
我們能透過電視認識這個世界嗎？

想像出生後，父母立刻將你帶到一個房間，和另外兩個嬰兒生活在一起。在這個虛擬世界裡，所有基本需求如水、運動、尿布、愛與巧克力夾心餅乾等都不存在，但你是個很好養，也很容易滿足的人。

房間裡有張沙發和一台電視機，你十八歲前的生活都是在這個房間裡渡過的。電視二十四小時開著，唯一的頻道是 RTL II [1]。你稱電視為「哇」，而且它是你眼中的真實生活，就這樣過了將近二十年。

如果你只能透過電視認識這個世界，你會如何看待它？你認為「互換生活」[2]（Frauentausch） 和「柏林日夜」[3]（Berlin Tag & Nacht） 能教你如何看待人性嗎？

有天，你終於能離開那個房間，小心翼翼地踏入「真實世界」，起初你完全不知所措，但也慢慢漸入佳境。你發現「哇」呈現的世界只是現實裡的電視版，而電視展現的又只是生命樂章裡的小插曲。

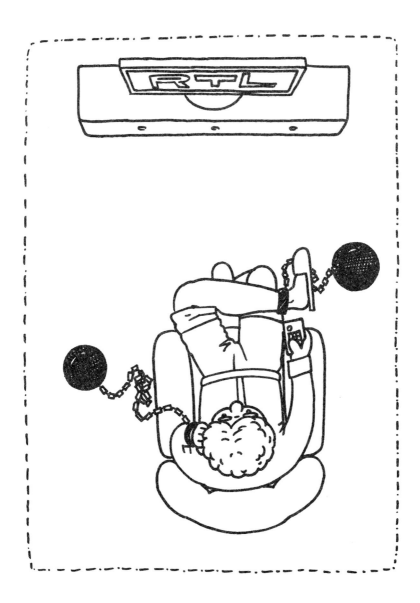

你自問是否該回到房間裡，並且將自己的發現告訴另外兩個人。該告訴他們房間之外的世界嗎？我們是否可以向他人解釋他們完全無法想像的事情呢？難道這不就像對盲人描述何謂藍色嗎？

當你再度回到房間，發現兩位室友與離去時沒有兩樣，而且顯然地，他們並未發現你曾離開過。他們正好在看實境秀，你對他們說：「那不是真正的汽車，只是汽車的電視圖像」。

「你在胡扯什麼？」他們回答。

「我在談現實！」

「這就是現實。」他們指著電視說。

「不對。那只是現實的反映。全部都是假象。我看到了現實。」你強調。

「閉嘴！」其中一個對你大叫，另一個說，「你只是在騙人。」兩個人走向你，捶打你的胸膛。十八年來，房間裡首度充斥暴戾之氣。

你想繼續爭論，但是「科隆 50667」[4] 開始播了，於是你也坐下來和其他人一起觀看。

┌─ Too long, didn't read ──────────────────────

如果你這輩子都被鎖在一個只有一台電視機的房間裡，你能瞭解
多少現實？你對真人實境秀也會產生類似「斯德哥爾摩症候群」
（**Stockholm Syndrome**）[5]的極端反應嗎？

└──

---

1. 德國私營電台之一，節目以娛樂性質為主的真人實境秀及連續劇居多。

2. 德國真人實境秀節目，題材源自英國真人實境節目 **Wife Swap**，主要劇情是兩個家庭的成員互換生活一段時間。

3. 實境節目，演員多以素人擔當，實際播出日常生活會碰到的問題，但是角色個性以及情節是虛構的。

4. 「科隆 **50667**」（**Köln 50667**）是「柏林日與夜」的延續版，唯背景是科隆，劇名的 **50667** 是科隆老城一帶的郵遞區號。

5. 又稱為人質情結、人質症候群，是一種心理學現象，指被害者對於加害者產生情感，同情加害者、認同加害者的某些觀點和想法，甚至反過來幫助加害者的一種情結。

第 14 堂課　柏拉圖的洞穴說

　　RTL II 洞穴是「柏拉圖洞穴」的現代版，只是 RTL II 洞穴不是一個寓言，而是一個真實的例子。柏拉圖相信，除了「一般」世界外，還有一個「真實」和「實證過」的世界，在這正常卻不完美的世界裡，我們宛如是活在洞穴裡的囚犯，洞穴裡顯示的都只是真實事件的影子，我們認識的只有圖像，而我們被純粹、理想的世界封鎖在外。

　　我們可藉由哲學理性的思考離開洞穴，進而認識純理型（Idea）的真實理想世界。柏拉圖的洞穴寓言被視為是他的哲學基石，藉由洞穴寓言，柏拉圖闡明了理性以及哲學的要求。

　　根據柏拉圖，理性是脫離洞穴的唯一途徑。在他的寓言中，太陽代表理性，它照亮了現實世界，並提供每個人（至少每位哲學家）逃脫山洞以及一個了解世界運作的機會。

「充滿動作的強力認識批判！讚！」——柯聰明

G.R.W. Meinungen、Hughman Perception 領銜主演

柏拉圖的洞穴

人類在影子的世界裡
需要光明

影子舞
西元前 380
冠軍

坎城影展
1724
影評人獎

取材於蘇格拉底學者

監製：希臘奴隸　音樂：皮沙哥拉斯、阿波羅、戴歐尼修斯

【限制級】此片有赤裸真相的詳細描述　未滿 18 歲（以及哲學家）不得觀賞

於是人們以「證實合理且真實的信念」，取代神話與教條，方式如下：

A 知道 B 是真實的，如果以下三個條件都滿足時：

> **1. B 為事實：**
> 知道實際的狀況。

> **2. A 認為 B 是事實：**
> 知道自己所信之事。

> **3. A 認為 B 是事實，而且有道理：**
> 知識不是假設，需要理由去支持個人信念。

哲學家十分讚賞柏拉圖的「證實合理且真實」的信念，所以過去兩千年來，此學說在哲學思潮裡占有舉足輕重的崇高地位，並且為人類存在的黑暗洞穴帶來光明。

Too long, didn't read

柏拉圖相信，人類生命的自然狀態好比活在一個洞穴裡，我們只能在牆上看到個人主觀感知到的圖像，而非真實的情況。離開洞穴最有效的方式是「理性」，如此才能確保我們對世界的假設是正確且合理的。如果辦不到，你也好歹利用導覽洞穴賺點錢嘛。

理性是脫離洞穴的唯一途徑。

第 15 堂課　柏拉圖小檔案

Philosopher Data	
國籍	希臘
時期	西元前 428—347 年
影響程度	■■■■■■■■□□
追隨者	亞理斯多德（Aristotle）、普羅提諾（Plotin）、奧古斯丁（Augustine）。

👍 最棒的點子

理型學說。他認為，我們可見的世界是由現實的影子形成的，所以一把椅子連結的是完美椅子的觀念，然而，完美椅子不存在我們的世界，只存在於理型的世界裡。那個純粹、無形且抽象的世界，有別於我們生存的世界，但卻是真實的。在理型的世界裡，我們不能用感官認識周遭，因為那極有可能是被誤導的，我們只能透過理性思維分辨。

💬 軼事

柏拉圖試圖定義人類，他認為最好將人類定義成沒有羽毛、雙腳能直立行走的動物。當第歐根尼（Diogenes）聽到這句話時，他馬上到市場買了一隻公雞，拔光了羽毛，並且得意洋洋叫道：「柏拉圖！這是你的人類。」柏拉圖是個有原則卻無幽默感的人，他沒有撤回他的定義，反倒增加了但書「……還有平坦的指甲」。

✒️ 名言

» 「不想參與執政的最大懲罰，就是被糟糕的人統治。」
90％的政治家搞壞了剩下10％的名聲。

» 「智者說話，是因為他們有話要說；愚者則是為了說話而說。」
言語是銀，沉默是金，社群網路是鉑金。

» 「愛情是一種嚴重的精神疾病。」
性器官精神分裂症。

柏拉圖的廁所

① **博士帽**：西元前 388 年，柏拉圖創辦了自己的學校——柏拉圖學院。

② **旅遊手冊**：柏拉圖常旅行。

③ **運動服**：他是位摔角手。

④ **金錢**：他生於一個非常富裕的家庭。

⑤ **鵝毛筆**：柏拉圖也是劇作家，在希臘文學中占有重要地位。

⑥ **現代代表人物**：尤達（**Yoda**）。就像又老又乾癟的好人尤達，柏拉圖在朋友眼中也是位智者，所以大家常向他請益。有趣的是，沒有人可以知道誰的論點更清晰有力。另一方面，尤達要路克·天行者（**Luke Skywalker**）去洞穴裡學習掌控自己的能力，而柏拉圖則希望我們走出洞穴，好認識真實世界。

Too long, didn't read

柏拉圖是蘇格拉底的學生，他為西方哲學打下基礎。他和尤達有些相似，是位有影響力的年長智者。

第 16 堂課
錯誤的假設能導向正確的結果嗎？

某個炎熱的日子，你到附近的雜貨店買冰，從店鋪走出來時，你聽到有個女人在尖叫，走到馬路上，剛好有位留著鬍子、戴副太陽眼鏡，身穿藍色 T 恤的年輕男子和你擦肩而過。

你向右轉身，看到一位老太太坐在地上嘶聲求助，你跑向她的同時，其他人也前來相助。她說有個身穿藍色 T 恤的年輕人，搶了她的手提包。

兩分鐘後，雜貨店前停了兩輛警車，因為你目擊搶匪逃跑，所以必須提供嫌犯特徵做筆錄，「他很年輕，短髮、蓄鬍、身穿藍色 T 恤、戴黑色墨鏡」，其中一位警察用無線對講機將特徵描述報告總部，你則安慰了老太太一下。之後一名員警跑來，通知有名身穿藍色 T 恤、戴黑色墨鏡的人在附近被逮捕，也在他身上找到了老太太的錢包。

所有人都向你道謝，回家的路上你覺得自己像名英雄。正當你轉入自家街口時，你看見在雜貨店前遇見的那位穿藍色 T 恤的男人。你當場傻住了，因為那個人不是理應被逮捕了嗎？怎麼會滿身大汗地跑過你身邊呢？

過了一會兒，你終於想通了，他是你之前見到的那個人，但他不是小偷，只是在慢跑而已，他剛好繞著你家附近的社區跑，所以之前你誤以為他正在逃跑！真的小偷可能剛好朝反方向逃逸，所以當你從雜貨店出來時，根本沒看見小偷。巧的是，這位慢跑人士和小偷都剛好穿藍色 T 恤、蓄鬍、戴黑色墨鏡。你的假設都錯了，但結果卻是正確的。

所以現在要問的是，你對搶匪的描述對嗎？或根本是錯的？當整個思路證明是錯誤時，你事後還能堅持自己一開始是對的嗎？

Too long, didn't read

你知道許多最後成為知識的假設，最後都被證明是錯誤的嗎？而你究竟得跑多快，才能遠離所有事實呢？

第 17 堂課　蓋提爾難題

一九六三年，美國哲學家愛德蒙德‧蓋提爾（**Edmund Gettier**）發表了一篇短文，他用幾個聰明的例子，提出可被證實的真實信念裡隱藏的根本缺失：即使你相信的事物是可被證實的，它仍有可能還是錯誤的。

讓我們重新檢視你和小偷的故事：

> 1. **B 為事實：**
>
> 小偷穿著一件藍色 T 恤。

> 2. **A 相信 B 是事實：**
>
> 你相信小偷身穿藍色 T 恤。

> 3. **A 相信 B 為事實是可被證實的：**
>
> 老太太說，小偷穿著一件藍色 T 恤，而且你看到那位跑走的人也符合這個描述。

然而你錯了。這些可被證實的真實信念最後被證明是錯的，於是哲學家面臨了一個重要的問題：即使因為錯誤的信念而獲得對的結果，實際所看見的還算是對的嗎？

開始

我相信草地上站著頭牛。

相信的理由：我看見牠正在樹旁。

正確的理由
你看見的是一隻牛。

知識
有隻牛在草地上。

錯誤的理由
你以為的牛其實是樹影，只是從遠處看起來是牛的形狀。真正的牛在草原另一端的樹叢後面，你根本無法看到。你相信有隻牛在草原一事是對的，然而形成理由的假說卻是錯誤的。

蓋提爾難題

許多人不情願地同意蓋提爾的看法，還惦念著那個已停擺但仍相信它是個鐘的信念。蓋提爾摧毀了可被證實的真實信念後，許多人試圖反駁他，並開發出各種新模式，意圖取代所謂可被證實的真實信念。

然而，新提出的解決方案並不為世人所公認，也沒有足以架構合理標準的新概念，導致許多哲學家對於蓋提爾難題做了選擇性失憶，好似這個問題根本不存在般。

Too long, didn't read

蓋提爾難題摧毀了可被證實的真實信念的地位，他的理論指出，儘管所有假設條件都是錯誤的，運氣好的話，信念可能還會是對的，但是因為出錯的比例遠高於對的，所以堅持對的還是比較簡單，就像玩大樂透一樣。

第 18 堂課　真理與智慧的差異

真理這個概念常常會被當做知識和智慧的相似詞，然而，它們之間卻有微妙差異：真理是抽象的，知識是個人的，而智慧是當真理和知識都行不通時可以用的概念。

舉幾個例子：

1. 真理是知道番茄是種水果；智慧是指它不適合剁碎和在水果沙拉裡。

2. 真理意味著幾乎可以在網路上找到所有想知道的解答；智慧是知道答案不在臉書上。

3. 真理是指你的伴侶說「一切都好」；智慧表示那是「一切都不好」。

4. 真理意味著香腸好吃；智慧則是最好別知道裡面的成分。

5. 真理表示蛋糕可口；智慧知道糖尿病是種隱疾。

6. 真理意味著胡蘿蔔中所含的維生素 A，可以確保人在黑暗中看得更清楚；智慧是知道它們不能被當成手電筒。

7. 真理是指點擊「我接受商業條款」的按鈕；智慧是指「接受商業條款」這個按鈕還包含接受許多其他事。

8. 真理意味著在臉書上有八百六十七位好友；智慧則是世上只有十二個人會借你一百歐元。

9. 真理是知道一個產品正在打對折；智慧是知道那還是比成本多了一倍。

10.真理是指電影院只坐滿一半；智慧是知道有 **99%** 的機率會出現個大個頭，而且就坐在你前面。

真理
豬很可愛

生活智慧
我不想知道何種內含物讓
香腸如此美味

 Too long, didn't read

真理表示擁有一些知識，而智慧則是瞭解如何善用知識。一種可以分辨何謂愚者，另一種則是有能力發現其為鏡中人。

第 19 堂課　如何驗證假設為真？

解釋如何驗證假設，應該不是件難事吧？如果它是個無須懷疑的事實，那它就是真實的。舉例來說：「小妖怪，形態小」，如果我們認為這說法是真實的，是因為我們的想像與現實吻合，還是因為我們同意小妖怪理應要小呢？一旦我們不認同時，應當如何？如何判斷腦袋裡哪些漂浮的想法是正確的？以下有四個主要理論，說明何種論述為真實：

① **符合論（Correspondence Theory）**

現實中可證實者為真實的，例如「所有菲爾·柯林斯迷都是聾子」，這陳述能成立，直到我們發現其中一位粉絲的聽力是正常的（這當然是不可能的）。

優點

我們可以觀察世界，衡量後再從中尋得符合事實的結論。

缺點

這些觀察是主觀且需要詮釋的，「我們如何知道已找到所有菲爾·柯林斯粉絲？如何定義粉絲和聾子？」

② **融貫論（Coherence Theory）**

因為其他真理而真實的，例如「銀河聯盟的首領茲奴（Xenu）將靈魂帶到地球」是真實的，因為「運作中的希坦 II[6] 書裡是如此記載的。那是真的，因為修煉過 OT III 的山達教徒告訴過我；

那是真的，因為那是賀伯特[7]寫的書，那是真的，因為我花了很多錢才有機會獲得這方面的資料。」

優點

不需要考慮所有的情況。

缺點

真理可能只在某些（花大錢的）情況下屬實。

③ **實用論（Pragmatic Theory）**

因為個人希望所以屬實，例如「在拉斯維加斯發生的事，就當未曾發生過」屬實，只要在拉斯維加斯發生過的事，都像是不曾發生過，而且也沒人要求你做血緣測試。

優點

非常實用，事實是從心理建構而出的，而你是事實的保護人。

缺點

真相取決於你，而且無法獨立證明。

④ **語義論（Semantic Theory）**

有人如是說，所以是真實的，例如有人問施洛德[8]，「普丁是否是位完美的民主人士？」施洛德回答：「是的，我相信他是。」我們接受它為真，如果「完美」其實是「極差」的意思，而「民主人士」是形容很富有而且可以隨時找 KGB 把人消失掉時，而且「消失」含括「永遠」之意時。

優點

我們可以說的跟真的一樣。

缺點

語言是人為的，不完美的。

Too long, didn't read

有許多理論可以解釋何者為真實的，包含符合論、融貫論、實用論、語義論等。如果那把你搞糊塗了也無妨，因為其他哲學家也大致無二樣。可惜，「真理」既無使用手冊，也無商業條款可遵循。

---

6. 運作中的希坦（**Operating Thetan**）是一種高於清新的靈魂存在狀態。

7. **L**·羅恩·賀伯特（**L.Ron Hubbard**），山達教創始人。

8. 格哈特·施洛德（**Gerhard Schröder**），第七任德國聯邦總理，任期 **1998—2005** 年。

第 20 堂課
「真實」是人類創造出來的概念嗎？

與其想像「真實」是某種可擁有的實體，它或許更像人們「創造」出來的概念。廣告業者還有公關部門應該馬上瞭解我說的吧！

真實的存有論

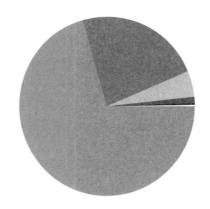

74% 的事情，我們可能永遠不知道自己對它們一無所知

24% 的事情，我們知道自己對它們不瞭解

4% 的事情，我們知道，但我們所知道的明顯是錯誤的

0.6% 的事情，我們確切知道

0.005% 的事情，只有天知道

0.001% 的事情，只有張老師專線知道

正確性的範圍

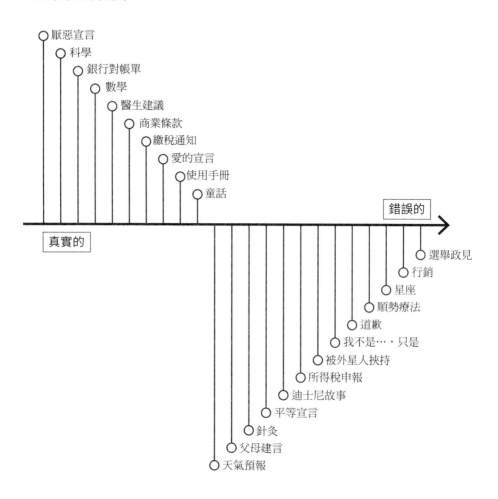

第三章
存在與目的

第 21 堂課　一台巴士的哲學思考

　　想像一下，五年前你從一名叫喬治的人手中，買了一台漂亮的深藍色福斯小巴士。你在一個狂歡節認識他，當時他留一頭長髮，一副嬉皮模樣。小巴是一九七四年出廠的，屬於特別車款，還配有折疊式的雙人床、家庭劇院以及立體聲音響。你對這台車可說是一見鍾情。過去幾年來，小巴「奧圖」和你上山下海行遍半個歐洲，每個夜晚，你透過「奧圖」的天窗仰望星空，滿心喜悅。「奧圖」是你的好友，你們倆也一起歷經許多冒險。

　　「奧圖」於你而言就像一位老友，每次出完遠門後，你總會修修補補，順便更換一些老配件，每當你看著堆得高高的舊零件時，總甚感欣喜，因為幾乎整台車的零件都被你汰換過一次了，就剩後照鏡上掛的吊飾。

　　你不禁自問，眼前的這台車還是「奧圖」嗎？車上沒有一樣是原件，如果它不再是，那問題來了，從何時開始它不再是你的老朋友「奧圖」呢？是當你更換一半的零件時？還是 60%？或是 99.9% 時呢？你仍然覺得它是「奧圖」，它身上的每個細節都不重要，畢竟整體的意義大於各個細節。

然後，你的視線落在車庫裡堆得高高的零件區，心裡浮起一個想法：這些零件組起來，又會是一台新的福斯小巴。接下來的問題是，這台新（舊）的福斯小巴不才算是真正的「奧圖」嗎？或者將有兩個「奧圖」呢？

> ═══ Too long, didn't read ═══
>
> 隨著時間更迭，對於那些已陸續更換所有零件的物品，我們可以認為原來的物體還存在嗎？當然還有為何這堆零件的全部費用加起來，超過原車的總價？

特修斯之船的哲學悖論

這個難題是普魯塔克[1]「特修斯之船」（The Ship of Theseu）的變化版。故事中「奧圖」是一艘船，船長叫特修斯，他將船板逐一汰換，直到最後變成兩艘船。

對於那些覺得這種老故事極其無聊者，我還可以舉個現代版「甜心寶貝」（Sugababes）作為悖論。「甜心寶貝」是一個英國三人女子流行樂團，之後成員逐一離開，並有新的女團員加入，雖然她們還是稱自己為「甜心寶貝」，但組員全是新人，結果原本的「甜心寶貝」成員為了與她們做區別，另取新團名，慶祝重返歌壇。這引發了誰才是真正「甜心寶貝」的問題。（其實因為近幾年她們的歌都沒進排行榜，所以大眾也沒真的很關心這問題）讓我們看一下你對正版問題的看法是否和其它哲學家不謀而合：

如果你認為一旦所有組件已被替換，那就是新品：你的想法就和普魯塔克一致。普魯塔克在情感上還是掛念著他的「奧圖」，所以他說過「人不能踏進同一條河流兩次」。

如果你認為它還是原來的那個物品：你的想法則和希臘哲學家赫拉克利特[2]一致。他認為，就水和時間的角度而言是有變化的，然而河流還是河流。「一切都在流動變化，只有增成和變化是永恆」。

如果你認為事實介於中間：那你就是投機者，不過也沒關係，因為亞里斯多德也抱持相同的看法。他認為一個對象（**Object**）不單純

是一個對象，而是一個由多種「因素」所組成的對象，這些因素包括：

1. **形式因** ＝「奧圖」的模樣
2. **質料因** ＝ 組成「奧圖」這個模樣的單一零件
3. **動力因** ＝ 將單一零件組合成「奧圖」模樣的過程
4. **目的因** ＝「奧圖」的實際用途 （與你行遍歐洲）

這些日子以來，你除了慢慢改變質料因以外，其他都未改變。

Too long, didn't read

一個人究竟可以踏進同一條河多少次是有爭議的。不變的是，你肯定會搞得一身濕，所以要注意相應的穿戴裝備。

---

1. 普魯塔克（**Plutarch**），西元 **46—120** 年，羅馬時代的希臘作家，作品在文藝復興時期廣受歡迎。

2. 赫拉克利特（**Heraclitus of Ephesus**），西元前 **535—475** 年，古希臘哲學家，被稱為「哭泣的哲學家」。

第 22 堂課　亞理斯多德小檔案

Philosopher Data

國籍	希臘
時期	西元前 384—322 年
影響程度	■■■■■■■■■
追隨者	所有人。很長一段時間以來，人們就稱他為「哲學始祖」。

👍 最棒的點子

三段論（Syllogism）。亞里斯多德是第一位明瞭分類好處的人。
透過將單一個體分類至不同組別，以便定義它們的本質，並且較容
易進行分析。人們不再將世界視為一個巨大的渾沌，而是按邏輯分
解組成物質，於是我們制訂規則，將動物分成哺乳動物、鳥類、魚類、
爬行動物和無脊椎動物等。這一基本理念引發亞里斯多德提出所謂
的三段論：

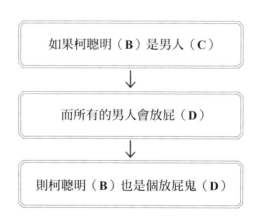

從現在的角度看三段論似乎很簡單，但綜觀而言，它卻是當時首
次推理出的邏輯系統，而且直至十九世紀都還是邏輯的基礎模型。

♡ 軼事

有天，一位周遊四處的哲學家受邀發表演說，不幸的是，他的演說無法引起聽眾的共鳴，亞里斯多德在聽了他一小時的獨白後，也忍不住點頭打盹了。演講者發現後訓斥這位名哲學家：「我談話時，你非得睡覺嗎？」亞里斯多德回答：「沒有，一點都不，我是心甘情願睡的。」

📝 名言

» 「我們的人生由行為及習慣組成。」

大部分人的人生是由一無所有、網路、色情以及芝麻蒜皮大的事組成的。

» 「曾受過教的頭腦，他們的特徵是可以自己思考而且無須與他人討論。」

學哲學的宿命是和他人討論某個想法時，要煽動他人一起思考也難。

» 「沒有一絲瘋狂性格者，無法成奇才。」

今日似乎不只有一點而是很多瘋狂。

沒有一絲瘋狂性格者，

　　　無法成奇才。

亞理斯多德的廁所

① **國王徽章**：馬其頓國王菲利二世邀請亞里斯多德擔任兒子的老師，他也就是後來征服半個世界的亞歷山大大帝。

② **蝴蝶收藏**：亞里斯多德前往列斯伏斯島（Lesbos）探索動物世界。

③ **阿拉伯文書籍**：著作估計只有 1/3 被保存下來，而且這還必須感謝當時的阿拉伯世界學者。

④ **尼科馬庫斯（Nicomachus）的相片**：他的兒子尼科馬庫斯年輕時即戰死沙場。

⑤ **聽診器**：亞里斯多德生於富人之家，父親是一名醫生。

⑥ **彩虹**：他和一名來自阿拜多斯（Abydos）的年輕學子帕拉法圖斯（Palaephatus）有過同性戀誹聞。

⑦ **現代流行代表**：電影 X 戰警（X-Men）中的 X 教授。就像亞里斯多德一樣，他也是絕頂聰明，而且在各領域都能發揮聰明才智的人。亞理斯多德和 X 教授都成立了自己的學校。

Too long, didn't read

亞里斯多德是位多產的希臘哲學家，通曉各領域知識並發揚其光大，肯定惹惱當時許多人。

第 23 堂課　存在的巨鏈

中世紀的學者沉迷於結合古希臘哲學與基督教教義，當時其中一個課題，就是將萬物依階層排列，以便彰顯所有生命階層裡都有上帝創造的痕跡。亞里斯多德是第一個制定這種又被稱為「自然階梯」的學者，其中，亞里斯多德將人置於最高等級，基督教學者採納其理念後，將神納入這個系統，並且賦予神一個特殊位置，讓祂高高漂浮在雲端。

今天，我們稱這個歸類為「存在的巨鏈」（Great chain of being）：由於石頭本身沒有工會，所以它們無法抱怨，只好接受最低層的位階，而且也無津貼補貼。階層越高的群組，正向自主性就越高；植物不僅存在，而且還存活著；動物可以行動、有食慾，最後的人類不僅擁有所有特質，也擁有理性。

雖然將整個自然界全部擠進一張概念圖很吸引人，然而一旦用了階層，就有了無法替換位置的問題，或許這也說明了達爾文的進化論在當時並未帶來震撼的原因，因為他違背了存在鏈的假設，也就是說，所有階層停留在自己範疇裡不會改變。達爾文迫使我們面對「不適者淘汰」的壓力，他的「適者生存」顛覆了整個概念。

直至今日，還是有許多人追隨亞里斯多德的概念，大概是因為人們喜歡將自己視為至高無上的生靈；而樹雖然從來沒有挑起過戰爭，不過也沒組織過什麼男孩團體。

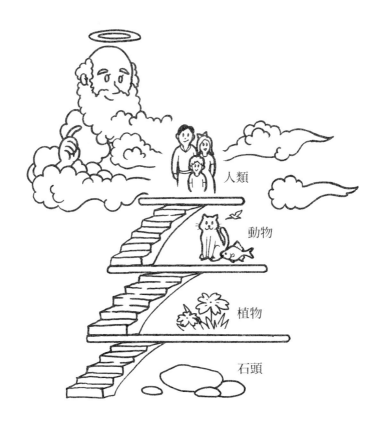

人類

動物

植物

石頭

┌─ **Too long, didn't read** ─────────────────────

許多人深信,所有生物都有所屬的階層。想爬上頂層,最好先把
工會組織好,還有就是別當顆石頭。

第 24 堂課　「無目的性」的發現

中世紀僧侶根據亞里斯多德和古希臘人的分類，更進一步拓展了自然階層，他們相信每一個生命都有存在的目的，並在各自生命週期間有一定的功能，所以植物提供氧氣，角馬[3] 為獅子的美味午餐，人類則在階層的頂部。

我們對於這結果可能感到滿足，然而問題還是不變，究竟我們存在的目的為何？為什麼我們在這裡？

為什麼我們一定得有所為？或是，我們首要課題為何？如何才能活得有意義？

對於義大利哲學家米蘭多拉[4] 而言，這個答案很簡單：就是毫無目的，因為我們是唯一不受這命運框架的生物，不像岩石、植物或海豚，我們可以自由決定想花多少時間從事任何活動，我們可以蒐集郵票、踐踏螞蟻或是爬山，我們也可以決定什麼是值得的。

這種可以左右自我的目的以及命運的感覺，既是種解脫，也令人感到恐懼。然而，掌控自我生存目的以及命運也正是自我尊嚴的源泉，正如上帝可以自由創造萬物，我們也可以自在徜徉人生。

因此米蘭多拉甚至認為，人類生存的無目的性賦予我們一個神聖的地位！因此，下次你的伴侶進門看見你正把雙腳翹在桌上凝視窗外，問你在做什麼時，你可以回答：「什麼都沒有」，並且輕鬆解釋此乃完全神聖之事。

Too long, didn't read

依照義大利哲學家米蘭多拉的看法，人是唯一沒有生存目的的生物，因此我們既無用，卻又神聖。有點像是棉花糖一樣。

3. 又稱牛羚，是一種生活在非洲草原上的大型羚羊。

4. 喬瓦尼・米蘭多拉（Giovanni Mirandola），1463—1494 年，義大利文藝復興時期的哲學家，著有《論人的尊嚴》。

第 25 堂課　我們的個性從何而來？

提示：不是由送子鳥決定的

如果我們沒有明確的生存目的，總得有個理由解釋為何我們有一定的生命軌道。為什麼有些人可以成為雜耍演員或是國際公認的神槍手，而另一些人從事保險推銷而且甘之如飴？許多人會回答說：因為我們的個性使然。然而，個性從何而來？在這裡我總結幾個有趣的相關理論：

① **體液學**

埃及人是首先相信「四種個性」學說的民族。他們認為差異取決於血液、黃膽汁、黑膽汁以及痰的混合比例。

② **星星**

根據占星學，我們的人格取決於出生時天上的恆星與行星。如果想到某些同事的個性，我們可能寧願許多星球最好不存在。

③ **四大要素**

希臘哲學家從體液學說創造了「四大要素」學理：

・衝動（氣）：樂觀和積極的

・易怒（火）：急躁和激動的

・憂鬱（土）：仔細和靜默的

・冷淡（水）：寧靜與和平的

④ **父母**

佛洛伊德和他的躺椅相當確定人的個性是後天養成，而非天生的。基於這個理由，父母對孩子有許多不良影響。

⑤ **腦溝**

根據神經內科的看法，我們的個性是天生的，而不是後天養成的。它與我們的大腦溝相連，經由各種化學過程決定了我們是誰。

⑥ **靈魂**

神學則持不同意見，他們認為性格是固定的，而且是靈魂的一部分。然而靈魂在哪？如果人格改變，靈魂也會跟著變嗎？

意見：有這麼多瘋狂的理論且彼此互相攻訐、各持己見，有可能是因為所謂的「巴納姆效應」[5]，人們傾向於相信那些討自己歡心的事物，並且相信那些現有的世界觀。

當其他人覺得雙子座很自戀而紛紛離他而去，而占星學又說雙子座非常有創意時，那雙子座的人會傾向相信占星術。所以你可以靠說他人想聽的話賺很多錢。

5. 「巴納姆效應」（**Barnum Effect**）也稱作「巴南效應」或是「佛
   瑞效應」，是一種心理現象，人們對那些彷彿為自己量身訂做的
   人格描述，給予高度準確的評價，而這些描述往往十分模糊及普
   遍，且能夠放諸四海皆準，適用多人。

第 26 堂課　傅柯的知識考古學

　　我們如何調和個性的概念與想像，當個性是如此的不同呢？為什麼當我們吃了條巧克力棒，喝杯雞尾酒或是犯相思時，性情就會驟變？如果性格並非如許多人認為是不變的，而是可在一段時間內因情勢而形成的呢？

　　這是法國哲學家米歇爾‧傅柯[6]的觀點。傅柯相信如果人早生一百年的話，基本發展就會迥然不同，可是並不是因為人格被扔到另一個時空後，被迫去適應當下情況，而是人格本身就是一種「社會建構」。

　　人格與當下生存的時間以及周遭空間有直接關係，如果人類早已學會像鳥兒一般飛，那今天的社會會變得大不同，我們會有完全不同的人類圖像，而且大概也會少很多廉價航空。

　　考古學家可以挖掘土壤、尋找骨骼以及祖先遺物，傅柯認為我們也可以考古人類的思想。他舉了瘋狂與理性之間的差異作為例子：如果我們五百年前出生，對於今日所謂心理健康的想法就會一無所知，因為心理健康、心理疾病、需要他人協助等概念都是現代的觀念，有了這些想法，所以有精神病院（收留精神病患的開始），而這個發展又帶動了心理學家（以及其他相關工作人員）的需要。

許多人以為自己的人格建立在堅實的基礎上，但根據傅柯的看法，比較精確的說法是，人格被塞進各種過程的空殼裡，例如我們生存社會裡的觀點和價值觀，所有這一切都會經由我們個人經驗的面紗過濾，在這個大雜燴裡，我們創造了自我以及人格。這也解釋了傅柯的名言「我無須確切知道自己是誰，生活與工作中的主要樂趣在於創造新的自我。」

┌─ Too long, didn't read ─

人的天性並非固定不變，而是處於一種無意識間由各種因素塑造而成的狀態。因此，一位平庸的經理人也不單純只是位穿得人模人樣，卻對猛獁象毫無敬意的洞穴人，雖然許多管理者還真是如此。

6. 米歇爾·傅柯（**Michel Foucault**），**1926—1984** 年，法國哲學家、社會理論家、語言學家、文學評論家，著有《知識的考掘》，此書專注於知識的斷層以及考掘。

第 27 堂課　現代人的考古學

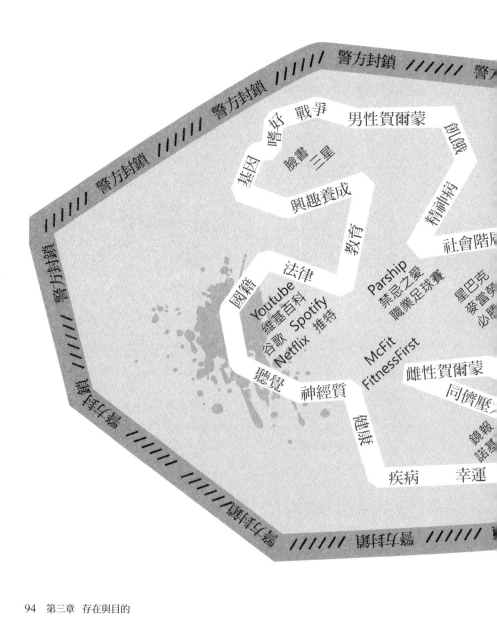

警方封鎖 ////// 警方封鎖 ////// 警方封鎖 //////

警方封鎖 //////

警方封鎖 //////

警方封鎖 //////

懷念

夢

愛　蘋果　聯想

短暫性

Youporn
xHamster

戀物癖

膚色

奧迪　大眾

年齡

多巴胺

民族成分

運氣

智商

Levis
Boss

判斷

權力

性

顏色感知

天份

Nike

愛迪達

視線

警方封鎖 ////// 警方封鎖 ////// 警方封鎖 //////

第 28 堂課　海德格的「此有」墳墓說

　　當外在環境如此強勢，我們的人格又是與它如此強烈聯繫在一起時，如何能「屬己」（authentic）地生存？

　　德國哲學家馬丁·海德格[7]為此提出一個概念，他將其稱為「此有」（德：Dasein）。通常哲學家在解釋存在時，總會提出一個包山包海的解說，以便能大到宇宙，小至個別人格都能含括其中。

　　海德格恰恰相反。他從個人經驗開始著手，然後延伸到一些根本的問題，他的方法被稱為「現象學」：將個人體驗置於哲學探究的中心。這意味著，我們要問的不是「人是什麼」，而是該問「人如何存在」。海德格的理由是，只有生物會想探究存在的邏輯以及本質，煮熟的豆子不會問自己存在的理由或是自己為何。

　　當人們對此看法瞭然於心，並且理解存在與時間的侷限性，也就是辦到了煮熟豆子做不到的事時，才能屬己地生存著：

① 石頭 / 樹 / 巧克力棒 = 存在於這個世界。

② 人類 = 我們存在而且知道（此部分至關重要）自己的存在，所以我們也可以反省自己的「此有」。

③ 我們知道自己的存在，也知道有一天我們的存在將逝，所以我們明瞭自己的短暫性（Transience）。

④ 死亡使我們的存有變得無可取代，因為無人能體驗自己的死亡，死亡是一次性而且屬於我們個人的。

⑤ 活得屬己意味著不將死亡視為時間上的一種結束，而是個人存有的一部分。

⑥ 藉由活得真誠，我們可以克服規律的日常工作，並能進一步贏得時間，以便反省我們存在的短暫。

⑦ 一旦我們無法意識到自己受他人以及周遭環境影響，那就無法活得屬己。

在海德格著作中，「短暫性」是一個不斷反覆出現的主題。人如何能有更好的生活？他的回答是：「在墳裡多待些時間」。

Too long, didn't read

海德格是一個病態的德國思想家，他的人生哲學混合著活在當下（**YOLO**[8]）和「做自己」。

---

7. 馬丁·海德格（**Martin Heidegger**），**1889—1976** 年，德國哲學家，對現象學、存在主義、詮釋學、後現代主義等有重要影響。

8. **You Only Live Once**，你只會活一次。

第 29 堂課　臉書上「此有」的屬己性

哲學家認為臉書上的個人主頁和友誼是屬己的嗎？我們來看看網路，尤其是臉書，已經如何改變了人與人之間的關係？

網路時代前的友誼：

重點是深度而非廣度。那是一個人與人真的在真實生活中見過面的複雜時代。將某人稱為朋友時，必定是親身見過，所以無須加上所謂「貨真價實」的形容詞。

網路時代的友誼：

重點在寬度而非深度。一個集結讚、轉推、轉發郵件以及大量他人活動訊息的獨特組合，而且這些訊息都經由私人公司制定好的格式傳達出來，例如：「莎拉現在和喬納斯在一起」或是「托比在漢堡王的工作丟了」。

現代版的友誼不是減少含銅量或是用水稀釋的變種品，而是一種轉型和異化，並且已經成為公眾演出（Spectacle）的一部分。早在網路發明前，法國哲學家居伊‧德博[9]已經創造「景觀社會」（Society of the Spectacle）一詞：現代生活主要是從各種被動式消費景觀形成的。各種大眾媒體以晶瑩剔透的高畫質畫面，毫無閃爍地將「景觀」傳遞給我們，網路正是這類發展的最新形式。如果德博知道兩

個設計過的身分用電子化方式連結起來，就可稱為「友誼」的話，他一定會笑死。

德博會認為人與人之間的關係已經變質，它不再和我們有關，只是機械式地用數字思考而不再屬己。名人的醜聞與奇裝異服的時尚實驗，被當做主題標籤傳遍世界，於是「演出」越大越快，時間也越來越短暫。網路上的友誼也一樣，那些友誼不是由我們自己定義的。大眾媒體和資本主義將本來屬己的東西變得不再屬己，並且藉由廣告將它們當成商品反售給我們。

德博不懼怕媒體，因為他知道這個社會需要某種程度上的演出才能繼續存在。然而，德博希望當我們接受這些演出時，能注意假象以及交換的代價，當然還有注意到這演出是何等的壯觀！

```
Too long, didn't read
```
臉書上的朋友不是朋友，而是演出的一部分，有些人因此致富，另有許多人擔心自己不上相。

---

9. 居伊・德博（Guy Debord），1931—1994 年，法國哲學家以及馬克思主義理論家。

第 30 堂課
如何知道自己是否罹患了「屬己症」？

狀況

病患沒有能力依照自己的意願以及期望生活，他的理想及行為嚴重受到所處社會影響，因此，推測會有下述症狀產生：

正式醫學報告

症狀

- 中文字體的刺青
- 擁有藏教風馬旗，雖然當事人從未離開過歐洲
- 喜歡貼心靈小語
- 披頭四粉絲
- 參加吃住行全包旅遊團
- 薰香蠟燭
- 穿 Jack Wolfskin、Schöffel 戶外潮牌服裝

藥劑

每天 2 次 10 毫升的「此有」
便後 20 毫克的「幸福」

請閱讀藥品說明書以瞭解可能的風險及副作用

Dr. Willem u Tinkel
慕尼黑 2015/3/29

藥物

哲學上有兩種有效藥方，一是由海德格藥廠販售的「此有」，另一是希臘哲學製藥廠出的「幸福」。

服用方式

此有©

藥物

10 毫克的「強化存在」
5 倍快的「短暫感」

服用指示

每日 2 次，用整杯的「自我侷限」吞下

已知的副作用

日常生活意識衰退

嚮往入土為安並且想吃煮熟的豆子

對個人存在的絕對性感到無疑

幸福©

藥物

20 毫克的純理性外加美德

服用指示

完成終日「完全自我控制」後，將「美德」塗在清潔過的臉上（理想情況）

已知的副作用

對自我知識增加所謂的謙虛

極度拒絕世間物質，只專注於「理型」

少數情況下會發生習慣詞彙的改變、使用過時術語狀況增多

如果症狀持續存在，請立即聯繫生命諮商師

Too long, didn't read

屬己症是一種（虛構）的疾病，生活不屬己者才會得此病。最好的治療藥物就是海德格的「此有」或是古希臘的「幸福」。

第四章
立場與觀點

第 31 堂課　大樂透的哲學思辨

一對新婚夫妻手挽著手，前往與友人約好共進晚餐的餐廳，突然間天空烏雲密布，隨即傾盆大雨狂打在兩人身上。他們在一條小巷裡找到可以避雨的地方。

「運氣真好！」女人說：「好險有這個避雨的地方，不然我們肯定濕透。」

「真到楣！」她丈夫回答：「我們全身都濕了，而且還遲到。」

丈夫在地上發現一張樂透彩券，要彎身撿起時，閃電突然擊中屋頂，塌下來打到兩人。

兩人被送到醫院。

「真是幸運！」太太說：「差點被閃電擊死！」

「真是大不幸！」丈夫回答說：「我們不只淋濕，而且骨頭還斷了好幾根。」

晚餐時，兩人在病房裡看電視，轉了一台又一台，突然看見正在公布樂透號碼。丈夫想到那張彩券，緊咬著牙忍痛將手伸進外套口袋裡，然後確認中了六個號碼。

「太幸運了！」太太說：「我們發了！」

「這一點都不好！」丈夫回答：「中六個號碼通常是種詛咒。」

儘管如此，先生還是連絡了彩券公司，並且開始規劃如何使用獎金。

出院回到家後，信箱裡有封彩券公司的來信，信上表示由於公司負責人捲款潛逃到千里達[1]，所以公司倒了，無法支付獎金。

「好吧！」太太聳聳肩說：「彩券也只是撿到的，來得快去得也快，沒關係，我們還有彼此，不是嗎？」

「什麼叫來得快，去得也快！」先生難以置信地大吼著。

「屋頂砸到我頭上，骨頭都斷了！樂透獎金被偷了！我娶了個什麼都滿足的女人！妳和那些蠢話都給我滾！反正來得快，去得也快！」

這對夫妻離婚了。

「還好，」女人說：「終於和那蠢蛋結束了。」

「幸好，」男人說：「終於擺脫了那個搞不清狀況的白痴。下一班飛往千里達的飛機是幾點？我還有錢沒收到！」

這當然是個虛構的故事，不過大家多少都能在這對男女身上看到一些自己的影子。誰的眼光更透澈？該將半滿的杯子視為半滿，還是半空？還是單純將其視為雞尾酒酒吧中不斷調出新酒的杯子呢？人能掌握多少自己的生活，該思考多少？

Too long, didn't read

我們對於所面對的境遇有不同感知。而婚姻本就複雜，飛趟千里達和純粹身體暴力則相對簡單。

---

1. 千里達（**Republic of Trinidad**），位於中美洲加勒比海南部，緊鄰委內瑞拉外海的島國。

斯多葛學派

我們不可能對這個世界沒有看法，不過我們可以決定該如何看待它。這個實用的智慧是一種稱為「斯多葛主義」（**Stoicism**，又稱「禁慾主義」）學派的基石。「疼痛的原因並非出自本身，而是我們如何感受它」，這是馬可·奧里略[2]說的，他曾是羅馬皇帝，同時也是斯多葛學派的重要代表人物。簡言之，你很難控制生活的不順遂，但卻可以控制自己的感受。

這反映了一種信念：我們不僅體驗了世界，也賦予了每個事件一個「故事」——我們想要如何看這個世界。前一個故事中，先生和太太雖有相同的經歷，卻有幸與不幸的兩種極端感受，當太太覺得生活像是充滿娛樂的迪士尼電影時，先生卻覺得宛如歷經希臘悲劇。

在每個經歷中，人們都重新面臨抉擇，選擇自己想說的故事。自己的故事常常與現實無太多共同之處，馬克斯·弗里施[3]因此說「每個人都為自己的傳記發明了一個故事」。每當有人不小心踩到你的腳或是在超市插隊時，你可以認為那是一場意外、笨拙、故意或乾脆視其為挑釁的行為。

斯多葛學派的愛比克泰德[4]或馬可·奧里略的想法則是：這些故事既非大惡也非大善，因此該留意的應該是「自我的影響力」。如此一來，人的情緒就能擺脫命運的變幻莫測，以及擺脫容易說錯故事的可能。只有自己能真正控制的，才是與生命相關的東西，然而那些東西並不多，剩下的一切則根本無關緊要。

今日人們常使用「堅忍的」（stoic）這個詞，例如「當你觸電快死時，還得一副很堅忍的樣子」，指的是冷酷無情或無動於衷。其實這有點不公平，斯多葛學派從未想要當無情硬漢，只是提倡一種掌握時間的生活之道，對於無法改變之事，不要浪費時間嘗試改變。他們只想讓大家意識到：花越少時間解釋或抱怨命運，就有越多時間可以享受生命。

Too long, didn't read

禁慾主義是種思想學派，主要是為了保護人們免受縛於自己編織的故事。如果辦不到，你最好是一位善於說故事的人。

---

2. 馬可·奧里略（Marc Aurel），121—180 年，其統治時期被認為是羅馬黃金時代的標誌。

3. 馬克斯·弗里施（Max Frisch），1911—1991 年，當代瑞士德語文學著名代表，亦為劇作家。

4. 愛比克泰德（Epictetus），55—135 年，古希臘斯多葛學派哲學家，他的名字在希臘文中有「養成的」之意。

第 32 堂課　糞便的多元哲學觀

生活上遇到不順遂[5]之事時，我們可以採取不同看法。以下是簡單的概述：

印度教：我們早就有過這樣的倒楣事。

伊斯蘭教：倒楣事件會發生是真主的旨意。

天主教：一旦告解，倒楣事就隨之消逝。

基督新教：會有這倒楣事完全是你的錯。

基本教義派：因為這件倒楣的事，你會永遠在地獄被焚燒或是住在天堂。

猶太教：為什麼這倒楣事，總是發生在我們身上？

神創論：連這倒楣事都是由上帝創造的。

基督教科學：便秘時不是去看醫生，而是該祈禱！

一神論：讓我們一起討論倒楣事是如何產生的。

烏托邦：這大便聞起來好香。

達爾文主義：讓我們看看大便會發展成什麼。

資本主義：這坨大便可以拿來賣。

共產主義：這大便屬於每一個人。

女性主義：男人是整件事的罪魁禍首。

沙文主義：其實你們是想要我們的大便⋯⋯

英雄崇拜：來吧，我們把大便鍍金。

斯多葛學派：如果大便是外在發生的，那它既不好也不壞。

享樂主義：美麗的狗屎！

耶和華見證人：我們希望與你們談談狗屎。

不可知論：或許會發生倒楣事，也或許不會。

無神論：我不信這狗屎。

虛無主義：狗屎不存在。

┌─ Too long, didn't read ─────────────────────┐

　人可以採納很多觀點，每一個都會改變你對世界的看法 。

└──┘

---

5. Scheiße 一字在德語中表倒楣、不順遂，也有糞便之意。

第 33 堂課　馬克・奧里略小檔案

Philosopher Data

國籍　　　古羅馬
時期　　　西元 121 年 4 月 26 日—180 年 3 月 17 日
影響程度　■■■■■■□□□□□□
追隨者　　心理輔導社工、喬治・華盛頓、比爾・柯林頓。

👍 最棒的點子

沒有任何一位羅馬皇帝比他更受歡迎，他留下的雕像也比任何人多。謠傳許多羅馬人家裡都有他的畫像，假使所傳非實，他當時肯定也花大錢找了最好的公關。他在哲學領域雖然是斯多葛學派的代表，而且是有名的古哲學家，但是他只留下少量的書面作品，且大多是蒐集並重複尊師及偶像的理念而已，不過如果考量到他必須長期率軍驅逐日耳曼人，那麼留下的作品還算是多的。

👎 最糟的主意

他的兒子康茂德（Commodus）。奧里略在他的三十年婚姻裡共獲得十三位子嗣，他也十分喜愛這些孩子，其中有五位存活下來。當時皇位流行傳給善戰的將軍或是聰明的官員，然而奧里略打破這項傳統，將皇位擅自傳給他卑鄙殘忍又狂妄的兒子：康茂德。任何一個奴隸可能都比他好。康茂德是怎樣的人？從羅馬帝國如何在他手上快速頹敗，還有電影《神鬼戰士》裡殘暴的描述就可以看出。

🖊 名言

» 「想過幸福的生活所需不多，操之在己，操之在自己的思考方式。」
可是常有種感覺：無知才有福氣。

» 「生活的藝術多在於搏鬥，少在於翩翩起舞。」
這不代表舞池裡偶爾來個搏鬥姿勢毫無用處。

» 「我們聽到的一切都是一個觀點，不是事實。我們看見的一切都只是某個視角，不是真相。」
我們恨透了的事都是有道理的。

馬克・奧里略的廁所

① **西班牙海報**：家族源自伊比利半島。

② **武器**：成功對抗日爾曼蠻族並且抵禦入侵。

③ **柱廊模型**：雅典柱廊模型，哲學派別也依此命名。

④ **上有斷鏈圖像的海報**：他的偶像是愛比克泰德。

⑤ **有戰士血液的急救箱**：羅馬醫生推薦的包百病良藥（含不孕症治療）。這種流行誇張到如果有羅馬戰士鬥輪被殺死時，會有人販售血液給現場觀眾。

⑥ **現代流行代表**：納爾遜‧曼德拉（**Nelson Mandela**）。曼德拉也像奧里略深受人民敬愛，在國家危急時掌權，並以智慧以及沉著執政。

=== Too long, didn't read ===

以客觀的方式及無私的行為訓練自己，如果都無法做到，就寬容吧。如果想英明永世，多蓋幾尊雕像會是個不錯的主意。

第 34 堂課　電影裡的斯多葛派名人

史巴克（Spock）

這位在《星際爭霸戰》裡有著長耳的務實主義者也許是最知名，且是杜撰出的斯多葛派代表。他是一個十分嚴謹的人，危急情況下特別會說出一些讓人訝異的話，如：「必要性絕不會是不明智的」「情況危急時，男人看見他們只想看之物」，或是「恐懼來自大腦，而大腦是可以控制的」。有趣的是，他在企業號上不斷用人際關係來測試禁慾的極限。在某一集裡，他重複好幾次「我控制了自己的情緒」這個口頭禪，而非嚎啕大哭。

安迪‧杜佛蘭（Andy Dufresne）

你還記得「RED」（摩根‧弗里曼飾）在電影《刺激 1995》如何描述我們最愛的海報英雄安迪‧杜佛蘭（提姆‧羅賓斯飾）嗎？「現在我明白為什麼那麼多人認為他很勢利……他無憂無慮地四處漫步，好似穿著一件可以保護自己的隱形外套」。安迪對於那個對他不公，甚至讓他入大牢的制度從未生氣過，因為他無法改變任何事。他不管牢房的牆有多厚，只是不斷地去刮牆壁。他身上那件隱形外衣不是防水的 Gore-Tex，而是禁慾主義。

夏洛克‧福爾摩斯（Sherlock Holmes）

「顯而易見的事實最能令人誤解」「情感是清晰思路的敵人」「惡行很多，邏輯很少。因此人們應該多注重邏輯，少注重惡行」。柯南‧道爾[6]如何讓維多利亞時期著名的偵探，看穿那麼多不法分子呢？原因很簡單，他是一個聰明絕頂的斯多葛派。

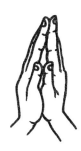

寧靜禱文

許多戒酒或類似組織在聚會時會先開始唸「寧靜禱文」，想必你們對這名字有所聞，卻不清楚內容，是這樣的：「上帝，請賜予我平靜，接受我無法改變的事實；請給予我勇氣，改變我能改變的；請賦予我智慧，讓我能分辨這兩者的區別」。有個未經證實的謠言：祈禱文結尾還有一句是「如果不成功，請給我一杯杜松子酒」。

Too long, didn't read

流行文化中有許多知名的斯多葛派信奉者，例如史巴克、福爾摩斯和安迪‧杜佛蘭等。參加宴會時，斯多葛派一般會異於其他受邀的客人，像個發神經的討厭鬼般站在角落，分析每個客人。

---

6. 柯南‧道爾（Conan Doyle），1859—1930 年，英國作家、醫生，因成功塑造福爾摩斯一角，為偵探小說歷史上最重要的作家之一。

第 35 堂課　給斯多葛派的宴會搭訕指南（包含脫身法）

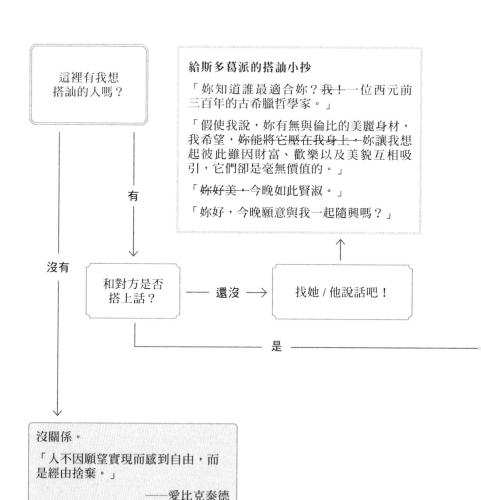

這裡有我想搭訕的人嗎？

給斯多葛派的搭訕小抄

「妳知道誰最適合妳？我！一位西元前三百年的古希臘哲學家。」

「假使我說，妳有無與倫比的美麗身材，我希望，妳能將它壓在我身上。妳讓我想起彼此雖因財富、歡樂以及美貌互相吸引，它們卻是毫無價值的。」

「妳好美，今晚如此賢淑。」

「妳好，今晚願意與我一起隨興嗎？」

有

沒有

和對方是否搭上話？ ── 還沒 ── 找她/他說話吧！

是

沒關係。

「人不因願望實現而感到自由，而是經由捨棄。」

　　　　　　　　　　──愛比克泰德

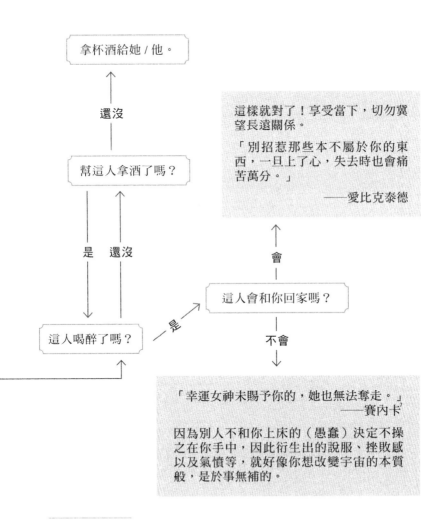

拿杯酒給她 / 他。

還沒

幫這人拿酒了嗎？

是　還沒

這人喝醉了嗎？

是

這人會和你回家嗎？

會

這樣就對了！享受當下，切勿冀望長遠關係。

「別招惹那些本不屬於你的東西，一旦上了心，失去時也會痛苦萬分。」

——愛比克泰德

不會

「幸運女神未賜予你的，她也無法奪走。」
——賽內卡[7]

因為別人不和你上床的（愚蠢）決定不操之在你手中，因此衍生出的說服、挫敗感以及氣憤等，就好像你想改變宇宙的本質般，是於事無補的。

7. 賽內卡（Lucius Seneca），西元前 4—西元 65 年，古羅馬斯多葛學派代表。

第 36 堂課
「道德」：失敗者專屬的詞彙？

乍看之下，斯多葛主義似乎可自保免受痛苦，因為一旦人們了解自己可控制之事（何其少），而不可控制之物（何其多）時，斯多葛主義是極其有益的——我們學會了接受自己無法改變之事，但有些人認為這也是種變相的自欺，且相信斯多葛主義是種「出世」的想法。

對於這些人而言，退一步只為了助跑，使之後能向前衝出、叫囂、揮拳，此種行為往往被人們視為瘋狂，或只會出現在極端體育賽事的宣傳廣告裡，可是，其中或許還有些隱藏於背後的因素？人為什麼不應該放縱自己的慾望，尤其是生理上的呢？享樂的衝動不也是因為生命短暫性的必然結果嗎？

許多人，特別是自由主義者會如此問道。對於他們來說，道德無非是扼殺樂趣的愚蠢企圖，所以勇敢的人民不該將享樂視為不道德或不公平之事，而該感謝它們的存在，因為它們使大家還記得樂趣是什麼。

唯一一個可以審查道德與美德的方法，可能只能當成思想實驗：如果我知道，自己可以任意行事而不受任何懲罰，該如何自處？義大利哲學家尼可洛·馬基維利（Niccolò Machiavelli）曾在《君王論》討論過這個課題。他的結論是，一個農民有時間思考道德，一個領

導者卻要關心他的基業、王國以及鞏固權力的方法，因此對於他來說，為達目的不擇手段的想法是如此令人信服。馬基維利留給世人的最大遺產就是他的名字——今日人們會用他的名字形容那些泯滅人心，毫無芥蒂的權力追求者。

自由主義者從未特別受歡迎，這同樣也發生在薩德侯爵（**Marquis de Sade**）身上，這位痴迷性愛的貴族既不相信國家，也不信任任何領主，更遑論覺得其他人可以限制他的自由。諷刺的是，在他七十二年的生命中，有超過三十年的時間都是在設有高聳防護網的公共場域，也就是監獄裡渡過的。在他大部分的時間裡，他忙不迭地寫著重口味的情色文學，日後世人使用他的名字做為專門用語：虐待狂（**Sadism**）。也許馬基維利和薩德侯爵的想法被拒絕不是因為是錯的，而是因為他們沒有權力讓自己擺脫法律的制裁。

對於美國副總統錢尼來說，二〇〇六年完全不構成任何問題。當時，他在獵捕鵪鶉時意外擊中朋友的臉，幸運的是，友人倖存下來，而且一週後當他離開醫院時還表示：「我和家人對於副總統錢尼上週所要面對的一切，感到深深的抱歉。」

結論：一旦有足夠的權勢，別人還得對你射傷他的臉頰而道歉。

Too long, didn't read

道德本身是種價值，抑或只是種約束人不要亂來的道理？如果你們考慮要射擊別人的臉頰，記得要有足夠的存款，好負擔得起「有錢白種人的正義」。

第 37 堂課
漢娜・鄂蘭等五位女哲學家的主要思想

你們一定注意到了，在此書中（以及在普遍的哲學界裡）有個重要觀點迄今仍鮮少被提及，那就是女性觀點。通常她們的代表人物會被簡稱為「女權主義者」，且受到忽視，但是也有特例，所以我在此簡單列出五位重要女哲學家的主要思想。

海巴夏（Hypatia von Alexandra，365—415 年）

海巴夏是柏拉圖哲學學院備受推崇的院長。她主要探討了宗教的危險，並且認為人缺乏智識上的空間，去了解類似上帝這種複雜的概念。她說：「保衛你思考的權利。思考且犯了錯勝於不思考。」最後她被一群激進基督徒用蚌殼虐殺而亡。

漢娜・鄂蘭（Hannah Arendt，1906—1975 年）

這位猶太裔的德國哲學家因為納粹政權逃離德國。她的作品主要關於政治權力、權威以及極權主義的本質。她提出了「邪惡的平庸性」，描述邪惡並非激進，而是「無思慮」的一種外顯。「可悲的事實是，我們從未問過大部分的惡人是好或壞……犯罪者的最佳防護是坦承集體罪惡，純然的集體犯罪行為則是不做任何抵抗的最佳藉口。」

西蒙‧波娃（Simone de Beauvoir，1908—1986 年）

　　法國作家和哲學家，被認為是二十世紀女權運動的創始人。她最有影響力的代表作是《第二性》。在書中，她提出婦女被壓迫的論點：在一個男性主導的社會裡，即使標準也是遵循男性的理想，女性化不被視為是另一種選項，而是背離標準。「在準則由男性制定的社會中，女人一定列屬低等。唯有破壞男尊女卑的情況，才有機會對抗劣勢。」

伊利莎白‧安斯康姆 （G.E.M. Anscombe，1919—2001 年）

　　伊麗莎白‧安斯庫姆的主要著作於一九五七年出版，書名為《意圖》（Intention），書中描述人與人之間的關係與意向的不同形式。這本書被認為是行為理論的重要著作之一（誰說哲學家絕不會採取行動？）只不過她最著名的思想還是對性的看法，她認為：「若想將性視為隨性的樂趣，就會被貼上膚淺的標籤。所有反映這個看法的談論也一樣膚淺。你不尊重自己的身體，不珍惜這連結生命的來源。」

朱迪斯‧巴特勒（Judith Butler，1956 年—）

　　美國哲學家，專注性別與性等主題。她認為兩性都具有「展演性」（Performativity），性別非固定，而是遵循角色範本。「身為一個男人或是女人，好像是種內在現實、單純真實或事實，但實際上它是種不斷產生和再複製的現象，基於此理由，性別是具備展演性的，沒有人從一開始就擁有性別。」

Too long, didn't read

女性在哲學上可具備巨大的影響力，但在過去的兩千五百年裡，男人不讓她們有機會，或太常把她們稱為「女權主義者」。

第五章
享樂主義和選擇

第 38 堂課　如果生命是一間超市……

想像一下，死後的靈魂到了一間超大的超市裡，你轉身看見旁邊的靈魂正將上面標有「足球技巧」的盒子放進購物車裡。你問：「對不起，我現在在那裡？」靈魂回答：「在生命超市。你可以在這找到下輩子想擁有的東西。不過一旦結帳完畢，就不能改變了，然後你將重生，而且也完全不記得曾經來過這裡。」你還想問更多問題，但是它已經消失在教育產品部門。

你隨手拉了一輛購物車，開始探索這間超市，你發現產品越奢侈，體積似乎就越大，不過購物車的空間有限，所以必須謹慎挑選。首先你拿了「長壽」，另外還拿了個「平均身高以上」，然後又拿了「兩房公寓」。你在「人生伴侶」的貨架前駐足許久，因為在「伴侶3000」和「伴侶3200」之間猶豫不決。

其實在購物車還沒滿前，你就意識到只能滿足「健康」、「簡單居家」、「一位伴侶」以及「基本學術技能」等需求。無論你如何放置這些產品，也騰不出更多的空間，於是你往結帳櫃台走去，並且開始相信自己將會有個很棒的新生命。

一不留神，你撞到另一個也推著滿滿購物車的靈魂。其中「伴侶4000豪華版」的貨品不小心掉到地上。你馬上感到嫉妒，因為那一件商品雖然和你拿的「伴侶3000」一樣，但是多了24%的美貌和富有的雙親！

「抱歉！請問我在哪裡可以拿到『伴侶4000』？」你問道。

「在二樓。那頭有電梯，我在二樓發現了『學歷』、『電熱毛巾架』、『很棒的假期』等許多好東西……」

你望了一眼自己的購物車……沒錯！你的確蒐集了一個美好的生活，只是簡陋了些。你很好奇二樓有什麼，覺得肯定有很多很棒的東西。上了二樓後，果然發現許多讓人無法抗拒的選擇，於是你把「碩士」換成「博士」學位，還允許自己選擇了「伴侶4000豪華版」。為了騰出足夠的空間，你還必須把「謙虛」、「退休金」以及「一週工作三十五小時」換成「每週工作六十小時」，不過你很確定這一切絕對會很值得。

往結帳的方向走去時，廣播突然響起，通知三樓也開放了。這什麼玩意！你可以想像那裡肯定有更多好東西，或許有「享譽世界」還是傳說中的「伴侶5000百萬富翁外加女人迷的加強版」？你再次望著購物車，覺得這些東西可不夠，於是決定搭乘上樓的電梯。

抵達時你嚇了一跳，因為四周一片漆黑，然後你聽見電梯門闔上的聲音。一個響亮的聲音宣布：「歡迎來到三樓，您是第75987072335名訪客。這樓的存在只是為了證明，人是永遠不會滿足的。您將重生為金龜子。生命超市感謝您的光臨。」

> ### Too long, didn't read
> 人類永遠不滿足自己所擁有的。生命超市只有兩層樓，而聰明的人只會留在一樓。

滿意度的低標

這個小故事表達的是一般人的常態：滿足只是短暫的。即使有人非常滿意，卻也還是忍不住想更進一步。一旦達成了目標，就又再次開始此循環，這個習慣以及期望的週期稱為「快樂水車」。

在緊湊繁忙的生活中，我們很容易忘記要知足，我們想若是努力存錢，將目前這個廚房又小又沒陽台的公寓，換成一個有陽台而且有車位的大公寓的話，快樂肯定能更持久。然而一旦我們擁有了，它就又變得稀鬆平常，於是我們又開始專注於下個目標——對面那間有按摩浴缸的公寓。早在西元四世紀時，哲學家就發現這個現象，奧古斯丁[1]說：「我們的慾望沒有安靜之刻，它是無止境且永恆的折磨⋯⋯」。

然而，追求事物也是人類生存的一個重要基本組成，這樣我們才會每天早上起床。如果沒有目標和願望，我們就失去所有的動力。伯特蘭・羅素[2]說：「未遂的慾望是構成滿足不可或缺的部分」。

當人們以為生活的重點在於擁有保時捷，而非追求的過程時，問題就來了，尤其當那份因為慾望擴增，而非擁有的瞬間所帶來的愉悅讓我們快樂時。我們太快習慣擁有物質了，「重點在於過程，而非目標」是眾所皆知卻又如此真實的一句話。不是事物 A 或 B 能帶給我們喜悅，而是因為有一個 A 到 B 的過程，但是一旦我們混淆了渴望以及實際的需求，並且以為我們所渴望的就是必須擁有的，而非只是渴望的時候，問題就產生了。

一九七八年有個著名的實驗證實，人們能快速適應贏得彩券這類正面之事，也能接受脊髓損傷這種負面狀況，滿意度還能在不到六個月的時間內，回到原來的滿足水平。正如羅伯特・弗羅斯特[3]的名言：「幸福以高度彌補它在長度的缺失。」不斷調適滿足感是一件好事，否則柬埔寨的流浪兒可能永遠無法滿足，尤其是當好萊塢明星能領養的數量有限時。對大多數人來說，「享樂跑步機」是種補償，我們所有人都以蹣跚、跌撞的姿勢朝「人人滿足酒吧」前進，只是抵達後，酒吧的招牌又會被掛到別的地方。

Too long, didn't read

我們總將願望具體化，想要「大房子」、「好一點的工作」或是「好鄰居」，但實際上，重點在於對正向變化及改變的感覺，而非擁有本身。

---

1. 奧古斯丁（**Aurelius Augustinus**），**354—430**年，羅馬帝國末期北非的柏柏爾人，神學家、哲學家，著有《懺悔錄》。

2. 伯特蘭・羅素（**Bertrand Russell**），**1872—1970**年，英國哲學家、數學家和邏輯學家。

3. 羅伯特・佛洛斯特（**Robert Frost**），**1874—1963**年，美國詩人，曾四度獲得普立茲獎，其詩〈未走過的路〉（**The Road Not Taken**）享譽國際。

第 39 堂課　伊比鳩魯小檔案

┌─ **Philosopher Data** ─────────────────────────

國籍　　希臘

時期　　西元前 341─270 年

影響程度　■■■■■■□□□□

追隨者　當時因為他的花園還真有粉絲，所以直到西元五百年，
　　　　他的弟子仍持續辦學，每年都還會慶祝他的冥誕，並
　　　　且教授正確的享樂形式。賀拉斯（即時行樂，carpe
　　　　diem）、斯多葛學派，甚至傑佛遜等都受他的影響（《美
　　　　國獨立宣言》中有伊比鳩魯的經典名言「追求幸福」）。

👍 最棒的點子

人在眾神面前無須懼怕。伊比鳩魯生於一個迷信的年代，人們深懼神會憤怒。他自問，為何好人也會發生不幸？當許多理應被狠狠揍一頓的人完全沒事時，其他沒做錯事的運氣卻不好。這是個哲學界相當重視的問題，甚至還有了專有名詞「神義論」（Theodicy）。伊比鳩魯從世界上的惡，得出以下結論：

① 不是眾神試圖防止邪惡，但沒有成功。

② 要不就是祂們可以，卻不想。

無論何者為真，祂們不是無能就是惡劣，所以根本不值得就此問題進一步思考。對於所有相關的人而言，這無疑是一個極大的安慰（或許除了神以外，但祂至此也不再重要）。

💬 軼事

伊比鳩魯是享樂主義（Hedonism）的哲學家代表，不過此名聲與事實不符，因為他並不奢華，還反覆強調要享受小確幸、放棄極端。儘管如此，人們在他背後謠傳他常有四位名叫海蒂亞（小甜心）、伊若旋（寶貝）、妮姬迪翁（小女神）和瑪瑪麗安（波霸）的陪伴，一同參加邪惡的深夜哲學家聚會。或許我們可以換個角度想：每個人都應該以苦行僧的生活方式享有名聲，實際上卻流連豪華派對！

✒️ 名言

» 「死亡對於生者毫無意義，因為他們還活著，對於死者也不重要，因為他們都死了。」

當死者突然以殭屍形式出現在活人的世界時，情況就會驟變。

» 「一個人夠了也嫌少時，給再多也不夠。」

看一眼我的銀行存款，它告訴我如果我快死了，我還有足夠的錢可以舒舒服服地過剩下的日子。

伊比鳩魯的廁所

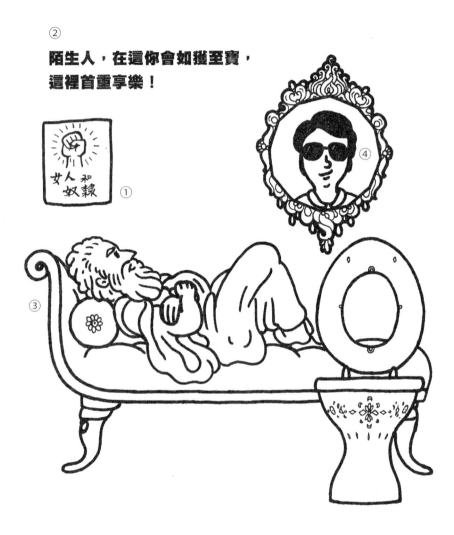

② **陌生人，在這你會如獲至寶，這裡首重享樂！**

① **女人和奴隸**：伊比鳩魯講究絕對公平，他允許婦女和奴隸前往原本被禁止的地方。

② **牆上塗鴉**：在伊比鳩魯花園的大門口。

③ **躺椅**：像佛洛依德派的人一樣，伊比鳩魯派也熱衷自我反省及分析，而且他們也讚揚類似今日所謂的「心理輔導」活動。

④ **現代流行代表**：吉姆‧瓊斯（**Jim Jones**）。瓊斯（美國人民聖殿教創始人）和伊比鳩魯一樣是位有魅力的享樂主義者（至少當大家把他吸毒的分量視為標準時），許多志同道合者不分性別和膚色，以他為首圍繞著他。可惜他相信文明是個沒有未來之物，因此他帶領信徒前往蓋亞那（**Guyana**）的叢林，在那集體自盡。

Too long, didn't read

伊比鳩魯是「花園學院」享樂主義的領導者（也是創辦者），但他常被誤解為哲學界裡的花花公子。

第 40 堂課　哲學家的快樂零組件

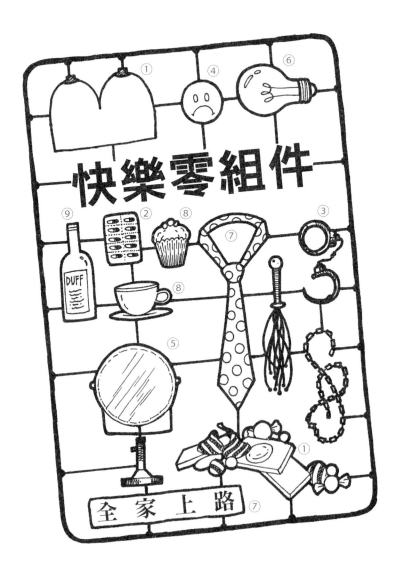

① **乳房和巧克力棒**：「快樂是首要也是最重要的資產。它是每個抉擇以及厭惡的起點。」——伊比鳩魯

② **止痛藥**：「所有幸福都是種錯覺。人生就像鐘擺一樣在痛苦與無聊之間擺動。」——叔本華

③ **皮鞭、鐵鍊、手銬**：「無痛的性愛宛如無味的食物。」——薩德侯爵

④ **悲傷的表情**：「人類歷史上，從未有快樂哲學家的記載。」——孟肯

⑤ **鏡子**：「一旦我們追著幸福跑，它就會逃離我們。」——甘地

⑥ **燈泡**：「我自省以便快樂。」——史賓諾莎

⑦ **領帶以及「全家上路」的車用標語**：「大多數人的幸福取決於兩件事情：他們的工作和社交關係。」——羅素

⑧ **咖啡杯和杯子蛋糕**：「永遠不要低估攝取足夠咖啡因的重要性，還有手上沒有杯子蛋糕會不開心的事實。」——常識

⑨ **達夫（Duff）啤酒一瓶**：「酒是生活中所有問題的起因及解決方法。」——荷馬·辛普森

第41堂課　沙特所謂的「詛咒」

　　我們的滿意度取決於自我的選擇，所以可以說，選擇越多越快樂嗎？起初人們可能會大喊：「當然！不然你以為呢？蠢問題！」但若沒有選擇，幸福只是巧合嗎？

　　試想現在有兩間超市，一家掛著像前東歐國家商店前的那種鐵幕，第二家則是一間巨大的 REWE 超市[4]。你會想去哪一間買早餐麥片？肯定是有很多選擇的大超市，不是嗎？

　　有些思想家認為，越多的選擇無法自動等同於越好，其中甚至還隱藏了問題。法國哲學家沙特（Jean-Paul Sartre）的理論認為：人人生而自由，這也是我們在生存中不可否認的事實之一。一切到此都還好，但在沙特眼裡，我們的自由不僅是一份禮物，也是種詛咒。

　　從根本來說，我們是自由的，這也意味著我們必須對自我行為負責，以此角度詮釋，絕對的自由等同於絕對的責任。然而問題也在這裡，由於我們從未獲得所有資訊，永遠無法知道自己選擇的後果為何，因此我們不僅要做決定，更糟的是，我們還得要接受後果。

　　這就好比你必須託運行李，卻不知道飛機會降落到何處。無論你帶了多少箱的藍色 T 恤，你到了南極圈被一群企鵝包圍時，T 恤也毫無用武之地。

這就是沙特所謂的詛咒。因為我們必須做決定，所以我們也得將許多不同的（常常是更好的）選項化為烏有。一旦開始假想其他選項是否能導向更好的結果時，你就會迷失，因為另一頭（假想出來）的草永遠是綠油油的。

我們無異於檢察官、法官、陪審團以及劊子手，在事先不知道結果為何時就得做出決定。結果，我們不僅要背負做決定的負擔，同時也要哀悼錯失的機會，這包含了迥異於現狀的生活、沒吃到的麥片、沒造訪過卻老在網路上看到親朋好友分享的地方。

Too long, didn't read

有選擇肯定比沒有好。太多選擇就有點類似太多的糖，行為會開始怪異，而且最後還會得糖尿病，變得不快樂。

---

4. 德國連鎖超市。

第 42 堂課　我們擁有自由意志嗎？

　　說到選擇，就可以延伸一個大家最喜歡的概念：不存在的自由意志。箇中道理很清楚：有所選擇卻無法自由決定時，有什麼好處？哪些選擇才算是自己真正的選擇？

　　讓我們做個小實驗，想像一下，你走在要去吃午餐的路上，有沙拉以及油炸的美味薯條兩種選擇。為何選擇？以這個例子來看，因為你聞到炸薯條的香味，所以馬上做了選擇。原則上來說，人們應該有自行決定的自由意志，但同時，你也可能放棄大啖美味薯條而咀嚼無趣的綜合沙拉。

　　讓我們再進一步檢視你的選擇，先將血壓和膽固醇相關顧忌擱置一邊，看看到底是什麼原因促使我們做出決定？可能是基因讓自己天生無法抗拒薯條的誘惑？因為生活的環境、所受的教育讓自己放棄沙拉？還是因為勾起媽媽的美味炸薯條回憶？也有可能是綜合所有的因素？然而無論原因是什麼，我們都無法決定自己的基因，也無法改變背景，我們完全無法影響這些因素。這聽起來一點都不像自由意志！相反的，如果我的基因、背景及經歷不能成為個人自由意志的基礎，那這所謂的自由意志和我有何關係？正如你所見，這事很複雜。從哲學的角度看，有兩個明顯的可能：

① 因果關係和決定論

「我這麼做，因為必須如此。」每個行為都與導致它發生的情況有關，自由意志在因果關係中蕩然無存，人們認為的自主選擇，其實只存在結果發生前的這段時間裡。所有的決定僅受因果關係影響。自由意志，再見吧！

② 非決定論

「我這樣做是因為我如此做。」好消息！我們是有自由意志的。我們的選擇不受那些無法影響的前導事件、基因或其他情況左右，所以那些決定不是注定的。但是這會引發另一個問題，為何一個和自己沒有因果關係的決定，可以稱為自己的決定呢？突然間，自由意志變得很客觀而且隨機了。

大多數哲學家都同意以下的想法：自由意志的概念是一個好用的幻覺，就像修圖軟體助長化妝品的銷售，但是卻無法確切地將真實表達出來一樣。基本上，他們認為這個世界是「被決定的」，要預知又是如此複雜，因此自由意志就存在於這樣的空間中。或許套句叔本華的話最能形容這個情況：「人能夠做他所想做的，但不能要他所想要的」。

Too long, didn't read

決定論和自由意志是兩個互不和諧的概念，可惜無論在何種狀況下，沙拉都不好吃。

第43堂課　為什麼我們會後悔？

　　我們一方面知道必須做出正確的決定，但另一方面，我們卻無法預見後果，因此就產生一個有趣的問題：我們為什麼會後悔？尤其是當我們努力想做出最佳決定時？或說，我們何時曾驚覺自己故意做出錯誤的決策？可能從來沒有過，對吧？

　　假設每個抉擇都是當時情況的必然結果，那怎會有後悔的機會呢？你無法讓時間倒流，即使可以，改變決定後的結果為什麼也一樣未知？人像時間旅行者一樣，深陷在同一個困境中，今天你可能後悔沒有重重地在那位蠻橫同學的臉上揍一拳，但也不知道如果真的揍了他，他是否會因此停止騷擾你，或是把你推下橋去？也許，你今天能成為友善又善解人意的人，就是因為曾被這位暴力同學霸凌過。如果你對今日的自己不後悔，後悔又是如何造就了今日的你，尤其當你根本不知道是什麼造就今日的你？

　　後悔這個概念就和自由意志一樣，越想掌握就越難定義，當我們後悔做了某項具體決定時，其實它牽涉了極複雜的各種因素：

1. **當初促使自己另做選擇的關鍵訊息不存在。**

2. **如果沒有因為錯誤決定造成的負面結果，就不會有相對應的改善。**

3. **我們永遠不會知道如果做出了不同決定，事情發展會如何，然而卻可以在腦中想像一個更好的可能。**

也許丹麥哲學家齊克果[5] 說得對：「結婚，你會後悔；不結婚，你也一定會後悔……你笑遍世界的愚蠢，會後悔；你為它哭泣，也會後悔；你上吊自殺，會後悔；不上吊，一樣會後悔……各位，這就是哲學的核心。」雖然後悔對下決定毫無幫助，然而就其他層面而言卻可能非常有用，也就是因為怕後悔，所以我們檢視會影響決定的自我信念以及思路途徑。

Too long, didn't read

大部分的後悔都無濟於事、不合邏輯，也無法避免，然而齊克果卻認為它是哲學的核心。「後悔」同時也是許多很棒的電影和樂曲的商業模組。

---

5. 索倫・齊克果（**Sören Kierkegaard**），**1813—1855** 年，丹麥神學家、哲學家，許多人視其為存在主義之父。

第44堂課　贖罪券的演變

我們可能為了一點也不後悔的罪孽，而想要贖罪嗎？中世紀時就是如此。當時，天主教教會發明了贖罪券，導入贖罪券後，罪人可僅透過購買贖罪券擺脫罪孽，免於地獄之火。基本上，這裡的交易模式簡直是資本主義的夢想：販售的商品人人皆需（罪過的定義很廣）、生產成本幾乎為零（一封加蓋正式章的信就足夠）、利潤高，而且產品到客戶死前都不會被檢驗，所以也沒有客訴問題（無客服費用）。不幸的是，有位叫馬丁‧路德[6]的人認為這是種詐欺，所以教會停止贖罪券的銷售。只是，贖罪券真的被廢除了嗎？

今天，許多日常商品中摻雜了道德的添加劑，也藉此提供了一個懺悔的承諾。在這不公平的世界中，我們消費導致小農貧困，童工的問題持續存在、自然資源也被過度使用，無論喜歡與否，我們其實比過去更清楚知道消費已產生了多種負面影響，然而「調整消費」也不是一個辦法，因為我們其實想要享受消費。過去，購買一杯咖啡要比今天簡單得多：咖啡、錢、胃酸過多引起的疼痛；但是今天你會去買咖啡的「承諾」，以彌補因罪惡感產生的附加選擇：公平貿易、可回收杯、捐款箱。十足贖罪券的現代版。有罪惡感後就買個赦免，如同天主教的贖罪券，或是如哲學家齊澤克[7]所謂的「有人情味的資本主義」。

我們可以大膽假設，大型咖啡集團只會把錢花在能為股東帶來更多利益的地方，所有的錢可能用在一個沒有公平貿易存在的系統中，他們還設法讓這系統更完美。以此角度來看，公平貿易只是延長了祕魯工人的苦痛，也剝奪他們善用勞力的可能（例如當個社群媒體專業經理人）。

最後，類似贖罪券的公平貿易，可能既不是提高利潤的反諷方式，也不是單純無私的援助工具，而是介於兩者之間。如此一來，這類商品提供的不僅是個買賣的機會，也夾帶著伴隨消費而生的罪惡感。這裡頭的道德成分可以隨意變化，也難以辨識，因此在此情形下，唯一有價值的決定權就在製造商手中。

Too long, didn't read

贖罪從來就不可能。當人想懺悔、感覺迷失時，消費會更有趣（如果在消費的同時也可以買到「良心」的話）。贖罪券真是一個偉大的商業模式。

---

6. 馬丁·路德（**Martin Luther**），**1483—1546**年，德國基督教神學家，宗教改革運動的主要發起人。

7. 斯拉沃熱·齊澤克（**Slavoj Zizek**），**1949**—，斯洛維尼亞社會學家、哲學家與文化批判家。

第 45 堂課　現代贖罪券

優惠券
針對一封很長而且牽扯隱私的
電子郵件只需回一行字
296574

優惠券
網路遊戲裡養怪獸
296575

優惠券
在自己臉書
分享的內容上按讚
296576

優惠券
放了屁還推託到狗身上
296573

優惠券
一副不喜歡時下流行的樂曲
296572

優惠券
不敢對好友夫妻說
他們的小孩長很醜
296571

第六章
社會與正義

第 46 堂課　為什麼人會產生偏見？

　　假設有位官員想制定一個新的節日，一個又棒又能讓人輕鬆自在，保證讓人耳目一新的節日，而且肯定會成為全國人民最愛、最期待的一天。老中青各個年代的人皆共襄盛舉，在一片和諧的氛圍中互道故事，培養及感受彼此間的友誼。大家在這一天都心滿意足，大人把酒言歡，狂歡縱慾。聽起來不錯吧？做為一個民主國家，政府官員決定舉辦公投，決定是否要制定這個節日，你會投贊成還是反對票呢？

□同意　　　□反對

　　好，如果我告訴你，你必須先殺了四千五百萬的人民，才能有這個節日呢？幾億的人可以經歷一年中最棒的一天，一個既和諧又屬於家庭的一天，只是代價是四千五百萬的人必須先死。你現在的決定為何？

□同意　　　□反對

我瞞了你，其實不是人會被殺死，而是火雞啦。每年在這俗稱「感恩節」的日子裡，會有四千五百萬隻火雞被殺死。這會影響你的決定嗎？每天都有動物因為我們的飲食而死，不是嗎？你覺得呢？

☐同意　　　　☐反對

　　那如果我現在告訴你，要真正瞭解和享受感恩節，你必須親手殺火雞。這資訊會影響你的決定嗎？馬上決定！

☐同意　　　　☐反對

　　我還有最後一個問題，如果你下輩子得投胎當火雞，我再問一次，這會影響你的決定嗎？

☐同意　　　　☐反對

　　Too long, didn't read

　　我們的選擇將大大取決於結果對我們造成的影響，而非絕對的道德。還有，感恩節時最好別當火雞。

約翰·羅爾斯的「原初立場」

大多數選民聲稱他們投票時皆會秉持公平原則，也會經過深思熟慮，他們會分析候選人、聽取政見，最終選出一位他們認為對這社會最好的選擇。

然而，即使我們相信自己能公平且審慎的選擇，大部分人認可的可能是可帶給自己最大利益者，或是與我們最投緣者，之後才會是道德以及正確性的考量。如果我們是火雞，我們的選擇肯定有別於一位飢腸轆轆的人。

在古羅馬時代，住在帝國邊緣者無權決定是否要侵占鄰國土地，因為古羅馬人認為，被征戰的鄰國往往會報復這些鄰近點。難道我們不能用同樣的邏輯認為，住在羅馬中心者會因為擁有（相對）安全而有同樣的偏執嗎？因為軍人必須打仗，所以他們的決定是偏頗的，婦女會害怕失去丈夫，所以也一樣失之偏頗。

即使不顧及考量的出發點，我們也還是會因所受經驗、教養、道德以及非理性因素而產生偏見。

哲學家約翰·羅爾斯[1]研究此議題，並考究出人類如何做出正確決定。他的解決辦法稱為「原初立場」（**Original Position**）：一個沒有預設立場的出發點。原理如下：

1. 如果要公平進行感恩節公投的話，所有投票者都必須處在「無知面紗」後。

2. 面紗在此代表回歸無知，因為人們會因年齡、膚色、性別、體力、智慧、健康、聰明才智、價值觀以及對社會的觀感而有偏頗。在無知面紗後，人們不會知道自己是心情愉悅的家庭成員之一，或是晚點就會崩潰的火雞。

3. 在此前提下，人們才可能自由地為所有人的利益做決定，並且獨自評估每個政見。

4. 選民投票後才會知道自己究竟是隻火雞，還是一個人；他的選票究竟能幫到自己，還是會傷害到自己。

5. 當然，這個原初立場是個純假設的狀況，因為身為社會的成員，我們難以避免持有偏見，也無法如此簡單地從零重新開始，因此重點在於何種結構是看似非假想而又符合現實的。一位極具影響力的哲學家自認有解決之道，他的名字是孔子。

1. 約翰・羅爾斯（**John Rawls**），**1921—2002** 年，美國政治哲學家，
   曾在哈佛大學擔任哲學教授，著有《正義論》、《政治自由主義》，
   二十世紀英語世界中最著名的政治哲學家之一。

第 47 堂課　無知的面紗

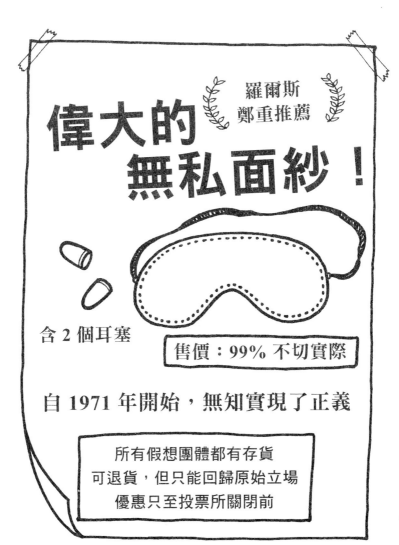

羅爾斯
鄭重推薦

偉大的
無私面紗！

含 2 個耳塞

售價：99% 不切實際

自 1971 年開始，無知實現了正義

所有假想團體都有存貨
可退貨，但只能回歸原始立場
優惠只至投票所關閉前

第 48 堂課　孔子小檔案

Philosopher Data

國籍	中國
時期	西元前 551—479 年
影響程度	在歐洲 ■■■■■■■■■
追隨者	在亞洲 ■■■■■■■■■
	兩千年來所有的中國人。

👍 最棒的點子

五倫。孔子學說的中心思想是：這五種關係左右了我們的生活。從上至下依序是：

① 君臣　② 父子　③ 夫婦　④ 長幼　⑤ 朋友

一個良好的關係包含忠誠、守禮、盡義務以及遵循傳統。抽象的理想無法改善社會，只能靠人以身作則。每個人接受自己在社會中所扮演的角色，並且正面體現在日常的共處上。所有人都忠於禮並且尊重禮，因為唯有禮可以使整個社會更加公正。

💬 軼事

孔子收的學生不分種族與社會地位，他認為，只要農民守美德，也可以是位紳士。他任人唯賢的想法是如此令人信服，因此從他的時代開始，每位想當官的中國人都必須經由筆試證明自己。這可能是為什麼過去兩千年來，中國文明在文化以及技藝上超越西方世界。然而，孔子直到死時還自認是一個徹底的失敗者。他永遠無法知道自己塑造了兩千多年來的中國文化。

✏️ 名言

» 「永不止步，雖緩必至。」
   但她不是那樣說的。

» 「知之為知之，不知為不知，是知也。」
   販售知識的賺頭，可能比販售無知來得少。

» 「擇其所愛，愛其所擇。」
   另外的選擇是不要工作，因此就無需選擇職業。

孔子的廁所

① **拐杖**：周遊列國尋求支持者。

② **法槌**：五十歲時當了法官²。

③ **李小龍海報**：孔夫子之名源於羅馬拼音的 **K'ung Fu-tzu**（孔師父之意），也是學生對老師的尊稱。

④ **孔子家譜**：目前已經傳到第八十五代，是世界上仍有追溯的最古老族譜。

⑤ **「敬老」貼紙**：此為他哲學的基石，因為他認為美德與傳統的遵守有關。

⑥ **「只適男性」貼紙**：他認為人必須學習分辨是非，不過他認為女性無須受教育。

⑦ **現代流行代表**：卡通《辛普森家庭》裡的喜金捏校長。兩人皆為努力工作且獲得他人敬重的教育工作者。喜金捏校長常常游移在個人願望（與陳趾鹹老師求愛的自由）以及扶養母親的責任感之間。兩人都是理想主義者，希望能藉由教育改善社會，然而成效不彰（至少在他們有生之年）。

> **Too long, didn't read**
>
> 孔子希望每個人各司其位並且敬老尊賢。他期望這樣能改善社會，或是至少可以把他的畫像當偶像海報般掛在房間。

---

2. 孔子五十歲時任司空，主管建築工程，五十一歲升為大司寇，類似今日最高法院法官。

第 49 堂課　東西哲學簡易比較表

	西方哲學	東方哲學
代表作	科學＆基督教	佛教、儒學、道教、禪學、瑜珈
根本差異	分開	結合
涵義	將科學想像成一張拼圖。我們一直只取出其中的一片，直到拼圖專家瞭解箇中道理。	東方哲學想融合一切。每一片都必須是組成美麗完整生活的一部分，個別不太重要。
以哲學語言陳述	專注於每個個體的單獨現象以及其扮演的角色。人們研究、分析自然規律以便獲得世界的真相，並藉由邏輯的幫助，找到正確的結論。重點在於解答精確切割過的問題。真理不只能被發現，也能被證明。	宇宙以系統出發，世界上的萬物皆相連。人們無法從個別實驗中發現真相，但是可以經由探索自我找到（例如透過坐禪）。常識以及彼此相通的背景是基礎。

信仰和 價值觀	由外向內	由裡外顯
請再用哲學語言解釋一次	主要從外在因素（金錢、信仰、受歡迎程度等）衡量能力與成就。重視個人人格以及養成。人應該保持批判性並且不斷質疑現狀。	對內心世界的掌握與了解是最重要的價值。邁向巔峰的路是深藏內心的，並且只能藉由不斷自我發展來實現。個人主義不視為美德。
關於「自我形象」的意義	自我以及靈魂是永恆不變的。身心之間是清楚切割的。	我們必須找到真實的自我。差異只在個人思想裡。
宗教在哲學的角色	仇敵關係	友好關係

Too long, didn't read

東西方哲學之間存在巨大差異。西方世界可以說是由外往內；東方世界想的是由內向外。

第 50 堂課
讓他人同意捐贈器官最快的方式？

在德國，每天有三個人因為等不到器官移植手術而死亡，問題不在於缺少器官，而是因為器官捐贈者太少，儘管 70% 的德國人聲稱願意捐贈器官，但實際上只有 12% 的人付諸行動。

整個捐贈系統建立在自願的基礎上，若想捐贈，最簡單的方式就是去藥房拿一張捐贈卡。許多人因為手邊事情太多、忘記或是不願面對個人死亡問題而辦不到，後來政府為提高民眾的器官捐贈意識，投資數百萬宣導，但到目前為止效果仍甚微。

不過也有迥然不同的方式，例如奧地利。不可思議的是，政府獲得 99.98% 的人口捐贈器官！這國家是用什麼奇妙的方式說服公民的？其實很簡單，器官捐贈在奧地利不是自願的，而是「預設」的。

如果你作為一位奧地利公民，沒有明確拒絕同意（以書面形式即可），器官就屬於所有奧地利人的，一旦死後就可以被徵收。那為什麼只有 0.02% 的公民退出此條款呢？原因可能和只有 12% 的德國人願意捐贈一樣：一種摻雜著漠不關心、懶惰、無知（不知道必須去取消），以及在某些情況下助人的渴望之原因。

所有的社會都是混合「自願參與」以及「退出」的方式運作，例如雖然教堂稅[3]是自願的，卻必須主動退出才生效。職業、居住地、俱樂部、電信公司的電話服務或是電子廣告郵件都有一個退出條款，可是人們何時和擁有合約的所屬社會簽了約，合約又是如何運作的呢？應該有一個非常特別的約吧。很少奧地利人知道自己選擇了這份合約，而且裡頭也沒有退出條款。我們現在在談的，就是社會契約以及政府運行的方式。

Too long, didn't read

一個社會是由自願參與及退出機制形成的，其中有個合約是人們一出生時就自動生效，卻不易退出的，那就是所謂的「社會契約」。

---

3. 德國教堂稅視居住邦別不同，約所得稅的 **8-9%**。

第 51 堂課　這個社會沒告訴我們的事

直至十八世紀，一切權力分配清楚明瞭，其中有兩個基本的社會規範：

1. **自然秩序**：就像柏拉圖的階級階梯，從地上的石子到統治者，無論是僧侶或是貴族，每個人的自然應對進退皆視所在的階級階梯。

2. **互相攻訐**：誰的拳頭大，誰就有權力，此通常被稱為「馬基維利理論」。法國哲學家盧梭[4]對此不以為然，他認為人生而平等，世界在原始自然狀態下是沒有政府、稅收和其他社會限制的，但是發生了什麼差錯？「人生而自由，卻處處受到束縛」。

好吧，現代社會不是個只有電動牙刷、鬆餅和電影院的地方，假使所有事物都還處在原始自然狀態，而我們都是馬基維利的話，那我們將生活在一個互相纏鬥的世界裡，「孤獨、貧乏、噁心、野蠻和短暫」，至少這是哲學家霍布斯[5]對自然狀態的看法。但是盧梭也不是天真的人，他清楚明白我們無法沒有社會去運行自主生活，他也不接受上述兩個選項。

盧梭得出的結論是，只有我們自己可以同意合法的統治形式，假使我們必須「被奴役」，至少也是自願與對方協議奴役條款。如此一來，我們雖放棄了一定的權利，但同時也得到受保護的回報，恢

復了我們的自主權。人們失去殺其他人的權利，但對方也失去了這個權利。這個想法聽起來簡單，但它徹底改變了統治形式的合法性，於是第三種可能性突然出現了：

3. **社會契約**：它將人民變成唯一的主權以及唯一擁有合法權力者。私人財產、憲法、民主、法律，皆盡一切可能依照我們的共同意志。

今天，社會契約幾乎是每部憲法的核心，其思想牢固到我們對任何可能的替代品都感到陌生，但其實，它在人類歷史上算是一個非常現代的發明，那問題的癥結在哪呢？我們被告知沒有人選擇退出，而且每個人都緊緊地繫在契約上，甚至可以說，我們從出生開始就簽下了契約，然後再代代傳承下去。

Too long, didn't read

真正的自主自由並不存在於社會裡，人們有機會以社會契約的形式，給予彼此權利與義務，而不是互相奴役。奴隸遊戲就留在閨房玩玩就好了。

---

4. 尚 - 雅克・盧梭（**Jean-Jacque Rousseau**），1712—1778 年，瑞士裔的法國思想家，與伏爾泰、孟德斯鳩合稱「法蘭西啟蒙運動三劍俠」。

5. 湯瑪斯・霍布斯（**Thomas Hobbes**），1588—1679 年，英國政治哲學家，提出「自然狀態」和「國家起源說」。

第52堂課 當哲學遇見政治

統治： 源自希臘文的後綴，有治理、統領、政府以及權威的含義。

貴族政治： 統治者剛好只有那幾個中樂透的人，例如皇室家族。「我就是生來行使統治權的！」

隨機統治： 通過隨機選擇的規則，例如樂透。「那邊戴黑帽子的！恭喜你，你是新總理。新總理萬歲！」

法西斯主義： 一個極權政府或是一個無法再用民主方式換下的人。「我統治，因為如果你不安分點，我就讓你好看。」

惡人政治： 最壞也最不適合公民的統治方式。「我們統治，因為我們從未統治過。為什麼不行呢？這也沒什麼難的，先給你一百萬歐元好了。」

精英政治： 最好的（雖然不清楚哪裡好）統治方式。「這七個是我的孩子，我生來就是家庭部長。」[6]

君主立憲制： 通常是國王或女王的一人統治。「我執政，因為我是上個執政者的兒子。我有什麼資格？前面不是說了嗎？」

寡頭政治： 少數精英的統治。「每一票對我們都是正面肯定，因為坦白說，我們肯定贏，隨你選啦。」

財閥政治：有錢人的統治。「我們執政，因為我們銀行帳戶裡的錢說了算。這裡是五十歐元，拿了給我離開。」

專家統治：由工程師、學者和其他書呆子統治。「自從我們將臉書選為傳播部長，我們的生活有了很大的改善。」

神權政治：上帝統治，但經由教會或宗教團體代表。「上帝對我說，我是統治者。祂也對你說了嗎？好啦！祂也要我告訴你，祂搞錯了。快，以上帝之名殺了這個人，然後拿個三明治給我。」

Too long, didn't read

許多統治模式很像惡人統治（最差的治理）和神權政治（上帝讓我成為統治者）。不過唯一不變的是，人類總有辦法想到更多的瘋狂模式。

---

6. 德國的家庭部長烏爾蘇拉・范德賴恩（**Ursula von der Leyen**）有七個小孩。

第 53 堂課　當孔子遇上康德

這個社會契約看似完善，所以我們有時接受，有時卻也不怎麼買單。究竟我們該如何面對個人契約呢？該如何與他人相處？如何才算是公平？關於個人如何與他人相處的這個部分，孔子提出的「互動法則」可能算是最有名的，他說：「己所不欲，勿施於人」，後來人們將其稱為所謂的「黃金定律」，不過請別和另一個黃金定律搞混了（就是那個「擁有黃金者，即可制定規則」的定律）。

歷史上所有主流道德或宗教傳統都曾出現黃金定律，只是以不同形式出現而已。大多數人也認為這是公正的標的，所以也同意接受。想要他人善待你，就得先善待對方。這是一個簡單的道德準則，也或許如此才能成為世代流傳的金科玉律。

然而，一旦黃金定律落到不肖分子手上就變得危險了，因為每個人對「善待」的感受不一，想不到適當例子者，可以上網搜尋兩個其實和性虐待無關的詞，然後再交叉比對一下搜尋結果。一個人眼中的樂趣，可能會是另一人的虐待，因此盲從黃金定律是可能會誤入歧途的。

試想以下情形，有人敲門，你說「請進」，然後一個渾身是血，手拿斧頭的人站在你面前，他與其他想像中渾身是血，手拿斧頭的人比起來顯得分外冷靜。他說想找你的一位女性好友。「你知道她

在哪嗎?」他問。此刻你該如何做?如果說謊,你就違反了黃金定律,因為你會成為社會上騙子的一員,但是如果你遵守了,可能明天起你就少了位女性好友。

許多哲學家也針對黃金定律的這個缺失做了許多評訴,其中最有名的批評者是康德,他認為,因應外在要求而形成的行為規範永遠會失敗。我們普遍較能接受由心而發的自我規範,然而,我們如何才能確保所有人遵守相同的規則,尤其當大家對道德的見解是如此不一呢?

康德相信,只要人有理性,道德就會像地心引力一樣,它是一個具有絕對性,而且無法顛覆的普遍規律,就像 1 + 1 總是 2。康德認為,理性提供給所有理性者相同的道德規則,一旦我們將道德價值結合理性,大家就會導出共同的結果,也就是說,我們的行為也要能放諸四海皆準才行,大家遵守一樣的規則,或是像康德所說的,「要能讓個人意志箴規同時成為普遍法則的行為」,這句話在史上定調為「定言令式」, 在康德眼中唯有遵循者才是有道德者。

Too long, didn't read

康德嘗試制定普遍有效的道德法則,也就是所謂的「定言令式」,這話聽起來都很好,直到你知道康德會老實回應那個手拿斧頭,要你家地址的殺手為止……

第 54 堂課　現代人的「白金法則」

那些不是「定言令式」或「黃金定律」的忠實粉絲，這裡還有更多的規則！

I

下午4點前禁喝啤酒

II

5秒鐘準則
（針對掉下去的食物）

III

絕不和白癡爭吵
他會降低你的水準，
而且還能從你身上獲得更多經驗

IV

麵包一定朝塗奶油的那面掉下去

V

當不了獨角獸，就當你自己
但如果可以，就當獨角獸

VI

維繫關係的祕密
就是降低期望

VII

當你一定要知道價錢時，
就表示負擔不起

你是否想過，如果許多生活中的事都能從這些任意制定的準則受益，那為什麼摩西從西奈山[7]只帶回十戒？再想想，你還得將這石板從山上抬下來……

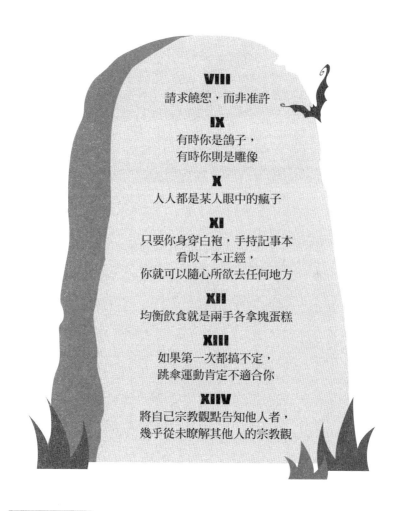

VIII

請求饒恕，而非准許

IX

有時你是鴿子，
有時你則是雕像

X

人人都是某人眼中的瘋子

XI

只要你身穿白袍，手持記事本
看似一本正經，
你就可以隨心所欲去任何地方

XII

均衡飲食就是兩手各拿塊蛋糕

XIII

如果第一次都搞不定，
跳傘運動肯定不適合你

XIIV

將自己宗教觀點告知他人者，
幾乎從未瞭解其他人的宗教觀

---

7. 《聖經》中，西奈山是耶和華的使者在火焰中向摩西顯現之處，
   位於埃及南部。

第七章

現實與意識

第 55 堂課
如何確定我們活在真實世界裡？

　　這輩子，你的生活從未如此舒適過，當然也有不錯的時刻，像是被喜愛的人擁入懷中、品醇美酒或是收看《德國選星秀》的時候，儘管聽起來有點陳腔濫調，但你仍忍不住懷疑這一切是否就像電影《駭客任務》（Matrix）一樣？

　　直到昨晚上床前一切都還正常，第二天一早，你被粗暴地弄醒，頭上被套了個袋子，對面坐著《駭客任務》裡的莫斐斯，他恭喜你：「你答對了，這世界是一個模擬世界，事實上，電影《駭客任務》是個電腦病毒，讓人真的中了矩陣之毒，以便喚醒人民，並向你們展示你們確實生活在一個矩陣裡，很高興你發現了！」然後他打開緊握的拳頭，像在電影裡一樣有兩顆藥：一紅一藍，吃了紅色藥丸後，你可以回去矩陣外的「真實世界」，不過他也接著警告那裡不漂亮，而且在許多方面比電影裡的真實世界更糟，你也不能來回穿梭兩個世界，你沒有超能力，也不是英雄，更沒有崔妮蒂等著你。你的另一個選項是藍色藥丸，留在矩陣裡，而且不記得曾有過這番談話。

　　你會如何決定？要活在一個尚可容忍的謊言裡，還是一個可怕的真相中？你決定拒絕謊言，你想體驗現實，所以吞下了紅色藥丸，醒來時，你已經在地下十五層樓，一個又黑又暗的防空洞裡。莫斐

斯是對的，真實生活真的不是很好，所有人都住在防空洞裡，吃的食物像是在叢林戰鬥營裡考驗人的食物。你再也「出不去」了，永遠沒機會再看《德國選星秀》，不過你活在真實裡。時間流逝，你也盡量適應新的世界，然後有一晚你被綁架了，醒來時有人拿掉罩在你頭上的袋子，坐在對面的又是莫斐斯。

他對你說：「對不起，上次我沒跟你說實話，這個世界也不是真實的世界，你依然在矩陣裡，不過是在後啟示錄版本中，一種將現實再社會化的一種方式。模擬世界是為了告訴你『現實』是多麼的糟糕。」他再次又拿出紅色和藍色藥丸，「你還想知道真正的世界是什麼樣子嗎？」他問。

你該怎麼辦？接受這個糟糕的偽矩陣，或者繼續追求殘酷的真相？更糟糕的是，如果吞下紅色藥丸後，是否真能降落在現實中？或是莫斐斯又把你送進矩陣裡？如果尼歐在《駭客任務》裡只是繼續到另一個虛擬世界，在他的幻想裡征服他的女友，並且穿著黑色的衣服呢？

Too long, didn't read

即使你逃離矩陣，也不會知道下個世界究竟是否也是一個矩陣，所以人應該適時停止，就像好萊塢在駭客任務第一集結束後，就可以停止拍續集一樣。

我推特思，故我在

「我思故我在」，或拉丁文「cogito ergo sum」是哲學裡的 $E = mc^2$，大家都知道這句話很重要，卻幾乎沒人了解原因。我思故我在，乍看之下異常簡單，然而誠如許多哲學理論，我們必須了解當時的時代背景才能體會其牽涉範圍。縱觀歷史，所謂的「哲學懷疑論」在哲學議題裡一直占著重要的角色，且有眾多的追隨者。懷疑論者未從個別思想發展相關結構，而是藉由揭示沒有絕對牢靠的理論以及滴水不漏的概念來踐踏一切。激進的懷疑主義是種擊斃一切的說法，因為基本上你可以不斷懷疑所有知識，正如粉碎一個沙堡永遠比蓋起來容易。

笛卡兒試著反擊激進的懷疑主義，希望能阻礙懷疑主義的蔓延，並且證明有一種最極端形式的學說足以抵擋懷疑主義。 笛卡兒的信念是如此形成的：

1. 假設有一個無所不能的惡魔支配我們的思想，並左右我們全部的感官。

2. 當我們接受有這惡魔的可能性時，是否有種方式可以毋庸置疑地證明？是否有任何東西不在它的控制下？我難道不會因此普遍懷疑一切？

3. 沒錯，我永遠無法完全信賴自己的感官感受，只是笛卡兒在這裡有個革命性的想法：為了能夠懷疑，我必須存在，而且思考。

4. 惡魔因此不能矇騙我的某一部分，也就是我感覺得到存在的那部分。

5. 延伸出來的結論是：我思，故我在。<u>就是因為有你們這些懷疑論者和邪惡的惡魔！</u>

好了，所以我知道自己的存在，只是如果把其他一切都搞砸的話，這句話聽起來也不怎麼好。笛卡兒自認他為新的學說打下了基石，從此所有其他的想法都好辦多了。或許他想到希臘著名思想家阿基米德[1]說的：「給我一個支點，我就能撐起全世界」。

笛卡兒證明這個無法顛覆的真理後，這個想法成了一個可以挖掉其他一切的支點，因此笛卡兒簡單的一句話，成了幾世紀以來家喻戶曉的名言。

Too long, didn't read

壞消息是，或許真有個控制我們思想的邪惡惡魔，無論是證明它的存在，或是對其有所懷疑，至少人是存在的，而存在一事最愚蠢的莫過於繳稅。

---

1. 阿基米德（**Archimedes**），西元前 **287**—**212** 年，古希臘數學家、物理學家、發明家、工程師、天文學家。

第 56 堂課　勒內・笛卡兒小檔案

Philosopher Data

國籍	法國
時期	西元 1596—1650 年
影響程度	■■■■■■■■■■
追隨者	康德、史賓諾莎、二元論者

👍 最棒的點子

「Cogito ergo sum」或是「我思故我在」。這個簡單的思想帶來了啟蒙運動,也使我們的世界現代化。

👎 最糟糕的主意

靜態的宇宙流。當時許多數學家已經知道地球會繞太陽公轉,不是太陽繞著地球轉,可是天主教會已經制定了有效的方法說服他人接受此意見,其中的一種方法就是將人活活燒死。

笛卡兒由於擔心教會報復,所以不只放棄出版原有的作品《世界體系》(Le Monde),而且還提出了一個介於地心說和日心說的妥協弱化版理論。在新版中,宇宙是一個靜態的流動,地球圍繞太陽旋轉,不過這在書中屬於次要想法。

◯軼事

一六一九年，笛卡兒面臨選擇，究竟要在軍事上一展長才或是成為一名哲學家？在那段期間，有次他從一個鮮活的夢裡醒來，他夢到自己打開一本書，並發現一首題為「我該選擇哪條人生大道？」的詩。

雖然他不記得這首詩的其餘部分，不過他將此詩解釋為致力學識並且放棄殺戮戰場的標誌。然而不清楚的是，為何他沒把這意象當作成為一名作家或圖書管理員的象徵。

名言

» 「讀好書，宛如與過去偉大的思想家促膝交談。」
還有一個好處就是，你可以隨時要他們沉默。

» 「除了我們自己的思想以外，沒有一件事可以完全由我們作主。」
即使這也不全然對，還得看他是否已婚。

» 「為真實尋求真理，你這輩子必須至少懷疑一切一次。」
然後，你可以繼續原本的生活。

我思故我在。

勒內・笛卡兒的廁所

科學是對的，
白癡！

① **「科學是對的，白癡！」**：十七世紀是科學革命的時代。

② **軍徽**：他曾經從軍四年。

③ **眼罩**：因為他身體欠佳，所以很難早起。當他被強迫改變晨間習慣時，他得了肺炎並在一年內過世。

④ **「受管制」書籍**：他的書被列在梵蒂岡的黑名單上。

⑤ **很酷的衣物**：笛卡兒衣著時髦。

⑥ **金幣**：他很富有又投資債券，所以一生都有固定收入。

⑦ **木鞋**：他在荷蘭居住超過二十年。大部分的著作都在此段時間完成。

⑧ **現代代表**：強尼‧戴普（**Johnny Depp**）。笛卡兒像強尼‧戴普一樣是典型的時髦人物，他起得晚，追求時尚，穿戴喜歡引人注意，也喜愛與人見面來往。第一批咖啡館開業時，他當時就住在荷蘭，如果這還不夠新潮，他在冥想尚未流行前，自己就先開始了。

⸻ Too long, didn't read ⸻

在教會規定所有「事實」的艱困年代，笛卡兒提出重要貢獻，為哲學寫下光榮紀錄。

第 57 堂課　如何在兩週內失去靈魂？

除了「我思故我在」以外，還有一個和笛卡兒密切相關的概念，就是「肉體—心靈問題」或稱為「身體—靈魂問題」。這裡的問題是，肉體與心靈是否是兩種不同的實體？笛卡兒的想法似乎很有邏輯，他認為精神和單純物質絕對不同，當肉體與感官都受到邪惡的惡魔欺騙時，心靈是不會上當的。基於此原因，明顯顯示出我們是由兩種實體組成的：

① 不滅的精神 / 意識 / 靈魂

② 實際存在的身軀（不幸的是會滅絕）

直至今天，人們還在探討這個問題，並且可以分成兩大陣營：

1. 二元論（Dualism）

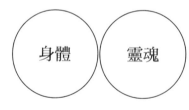

將存在分成生理與心理兩部分。

優點：靈魂的不朽（以任何形式）。

缺點：很難解釋為什麼非物質的靈魂無法使喚物質的身體。為什麼靈魂會生病？此外，有殭屍的可能嗎？

2. 一元論 （Monism）

世界上只有一個物質世界，而且受自然法則的約束。

優點： 無迫切解說的需求，殭屍更不可能出現。

缺點： 人沒有靈魂、會死亡，除此之外還必須解釋究竟靈魂是物質的幻覺，還是相反。

大多數人都偏好二元論，因為物質會變老並且死亡（或至少對昂貴的美容手術有需求），而且人們通常不認為靈魂有這個問題。因此以這種方式將世界區分成兩個不同的領域，雖然此舉有安撫的作用，但這兩個領域間相互作用的問題還是必須要解釋清楚，你也必須冒著被視為「做夢的浪漫主義者」的風險。

Too long, didn't read

二元論：認為有物質的肉體以及實際的自我（意識、性格、靈魂）區別。
一元論：認為只有物質世界存在。

第 58 堂課　人有靈魂嗎？

靈魂是一個可以克服生死差距的想法。隨著時間的變化，我們對於這個靈魂在何處，以及它是如何與身體、行為連結的想法，有了巨大變化。我們唯一確定的是，大家都希望有一個靈魂，包含我們的老闆，雖然他已經賣掉了自己的靈魂。以下是一些著名思想家對靈魂看法的簡要概述：

① 蘇格拉底與柏拉圖：靈魂由三個部
　分組成：理性（頭）、情感（乳房）
　和慾望（胃）。

　「你們難道不明白，我們的靈魂是不朽的，也無法被破壞？」

② 亞里斯多德：靈魂在不同孕期間進入體內。
　「男童是在第四十天，但如果是女童，則是
　第九十天。」

③ 佛陀：人沒有靈魂。只有一些精神元素促使輪迴。
　「人們只能從無知與錯覺中，擺脫靈魂是獨立自主
　的夢想。」

④ 笛卡兒：在大腦的松果體裡。
　「在我看來，靈魂主要是在這個位置。為什麼我會
　這樣說？因為我在整個大腦別處都沒發現。」

⑤ 麥克杜格爾[2]：我不知道它的位置，但它的重量是
二十一克（因此有部同名電影）。

「靈魂的重量在死的瞬間減輕，但在冷漠的人體內還可停留整整
一分鐘。」

⑥ 鮑比·柏德和詹姆斯·布朗[3]唱道：「你得到了，你
得到了，我知道你獲得靈魂了，如果你還未得到，
就不會在這裡了。」

Too long, didn't read

隨著歷史的變遷，人們對靈魂以及所處位置有不同的定義及解釋，
不過唯一可以肯定的是，詹姆斯·布朗曾有靈魂。

---

2. 鄧肯·麥克杜格爾（Duncan MacDougall），美國醫生，認為死後
身體重量會減少二十一克，減少的部分即是靈魂的重量。

3. 鮑比·柏德（Bobby Byrd）以及詹姆斯·布朗（James Brown）為
七〇年代美國靈魂樂歌手。

第 59 堂課　真正在廁所裡的哲學課

　　人們常用知識做為智識的代名詞，雖然可能將知識定義為「正確使用智識後得到的」更為準確。換句話說，知識＋所知方法＝智識，也就是有因果關係，對吧？但是如果參考哲學家約翰·希爾勒（John Searle）的思想實驗，那就不適用了。

想像你坐在馬桶上（如果你不是真的正在做這件事），有個人將一張小紙條從門縫中遞進來，你彎腰將它撿起來，然後看到滿滿的中文，因為你不懂中文，所以無從得知上面寫些什麼。當你將目光往下移時，突然發現你心愛的《廁所裡的哲學課》一書內不再充滿具啟發性的字句，而是變成一個巨大的代碼目錄。你可以在字典中查詢紙上寫的中文字，同時也可以找到正確的字作為「回答」。

你希望自己的中文回答是正確的，並把紙條從門縫中遞回去，幾秒鐘之後有了答案，但你還是不知道對話內容為何，到底是誰在你的屋子裡？為何有人寫中文訊息給你？不過你還是繼續回答，保持和這個陌生人的對話。你找答案、寫訊息，然後把紙條從門縫中傳出去，你非常清楚在這鋪滿瓷磚的小房間內發生之事，但不知道在門另一端和你交換訊息者是誰。假設你在字典裡都找到正確的字，你寫的訊息也完全正確，門外的人難道不會認為你中文很棒嗎？

然而你一點中文都不會，基本上，你只是像一個電腦程式，透過正確的指令，解釋一連串的符號及提供結果而已，你完全不知道每個中文字的意思，你的任務只是識別形狀、比對。現在我們來到下一個問題：如果一台機器執行你所做的事，我們能說它有智識嗎？我們該如何比較人的知識和機器的知識呢？

Too long, didn't read

在這鋪有瓷磚的小房間的實驗，顯示外界視為智識之物可能只是一個簡單的形狀比對行為。人類的智識和人工智慧之間的界線很窄，而且在馬桶上絕對只能使用其中一種。

第 60 堂課　圖靈測試與人工智慧

為什麼區別知識與智識是如此重要？破解恩尼格碼（謎式）密碼（Enigma-Code）的英國邏輯學家和計算機專家艾倫・圖靈[4]說過，當人們確認一台電腦可與他人溝通時，我們可說它有智識，之後人們將這徹底檢視電腦人工智慧的測試稱為「圖靈測試」。人們在此測試中，問了各種狡猾、愚蠢或曖昧不明的問題，例如：「多少威士忌混多少威士忌才是混合威士忌」，或拿埃庇米尼得斯（Epimenides）的著名說謊者悖論：「這句話是錯誤的」檢視。兩個可能的答案彼此相互矛盾，因為當它是錯的，那這句話為真；當它是對的，則此話是錯的，這就是悖論的定義。

對於我們而言，想找到一個合理的答案都很困難了，更何況是人工智慧的機器。如果有台電腦通過圖靈測試，肯定會上報紙頭版頭條。許多人認為人工智慧即將有所突破，我們很快就能建立一台智慧機，但是對於約翰・希爾勒而言，「中文廁所」（編按：第五十九堂課）的例子就能駁斥所有與人工智慧相關的謠言。電腦真的懂中文，還是它只是一味地遵循某個運算過程，得出的結果剛好是中文而已？就好像有人踢了一下足球，不代表他就是足球員；知道如何使用馬桶，不需要了解排水工程。

人工智慧不是真的「理解」，對於約翰·塞爾來說這個區別相當重要。電腦不知道自己在做什麼，所以不能說它聰明。基於這個理由，他將人工智慧分成兩塊：

1. **強人工智慧**：電腦具備如人類心靈般的意識。

2. **弱人工智慧**：電腦模擬智慧。電腦處理這項事物是否比人類更好，並不要緊。

在中文廁所裡的那台電腦，充其量只算是「弱人工智慧」，現今也無任何可稱得上是「強人工智慧」的機器，因為我們一直還不能確切知道，人類大腦究竟是如何運行的（可能也不是什麼驚喜啦）。我們（無論是否有智識）不知道那個同時處理成千思緒的過程是否稱作意識？或說，意識運作方式完全不是如此，且超出了我們能理解的範圍？而當我們根本不知道自我意識究竟是什麼時，又如何能判斷他人是否有意識？

┌─ Too long, didn't read ─────────────────────────

圖靈測試以及中文廁所的例子顯示，我們對於意識及智識所知甚少。以智識一事而言，我們所知甚少，但似乎也不是什麼大問題，因為大家似乎都有足夠的智識，至少從未有人抱怨自己的智識不足。

└──

---

4. 艾倫·圖靈（**Alan Turing**），1912 — 1954 年，英國電腦科學家、數學家、密碼分析學家。圖靈被視為電腦科學與人工智慧之父。

第 61 堂課　一個關於意識的有意識簡表

　　很多人都思考過何謂意識，但因為無人確切知道意識為何，所以順理成章應該有很多種，而且都不會錯。那這不是太好了嗎？你對意識持何種看法呢？讓我們來個小遊戲，你可以試著將各種理論與它們的代稱連在一起。

描述

① 你認為我們的意識位於一個個別區域，並且存在於物理現實之外？

② 你認為我們的意識與意願僅是複雜的大腦功能？

③ 你認為我們的意識是某種物質的具體成分，例如電磁？

④ 你認為我們的意識相當於生理狀態，可見於腦部掃描中？

⑤ 你認為我們的意識就是行為的一種形式，因此我們會因為自己的行為而被視為是有意識的人？

⑥ 你認為意識其實就是思考的更高層次，也就是思考的二次方？

⑦ 你認為我們的意識就是最重要的思路的感受？

⑧ 你認為我們享受自我意識，無須制定因應理論？

類別

Ⓐ 你是認知主義者。

Ⓑ 你是個實用主義者。

Ⓒ 你是一個正常人。

Ⓓ 你是一個行為主義者。

Ⓔ 你是同一論者。

Ⓕ 你是一個特徵二元論者。

Ⓖ 你是一個本質二元論者。

Ⓗ 你相信有更高一階的規範。

正確答案：1G, 2B, 3H, 4E, 5D, 6F, 7A, 8C

Too long, didn't read

根據不同意識起源的方式，你可以套上不同的花俏名字裝飾，無論是行為主義還是本質二元論者，任君選擇。

第八章
理性主義與經驗主義

第 62 堂課　親愛的福爾摩斯，
沒有邏輯思考是行不通的

　　一個女人被發現死在自己的公寓裡，於是人們請了知名的福爾摩斯和他的助手華生醫生來辦案。他們到這間公寓檢查案發現場，並且分析案情。

　　「親愛的華生，這案子我已經有解答了。」福爾摩斯說。

　　「或許吧！但我想，這次我才是有正確結論的人。」華生得意地回答。

　　「好，說來聽聽吧。」福爾摩斯說。

　　華生道：「嗯。 你知道我首先會以實證調查來解釋犯罪現場。前門未破，所以知道受害者認識兇手，而從血跡的分布情況，我以『歸納法』認定凶器是一把斧頭，被害者隔壁正好住了一名伐木工。根據我的經驗，伐木工幾乎都使用斧頭，因此鄰居非常有可能是殺手。」

　　「很有趣。」福爾摩斯接著說：「可是你想的不夠徹底。經驗不是常會誤導人嗎？以『演繹法』去處理一般事實比較好，並且還能與證據逐一比對。根據統計，大多數女性都是被前男友殺害的，正

如你從大門和傷口的正確推論得出，受害者明顯認識兇手，因此在我看來，犯案者不是鄰居，是前男友。」

雙方討論一度陷入膠著，沒有人肯讓步，但由於華生的理論只需走幾步路就可以證實，於是他們走到隔壁的公寓查證，鄰居也馬上承認犯案。華生是對的。審訊過程中，兩人發現鄰居同時也是受害者的前男友，所以福爾摩斯也是正確的。

Too long, didn't read

想獲得正確的結論有不同的方法，其中兩個最重要的是「歸納法」和「演繹法」。

歸納法：由個別情況形成規則，也就是從特殊連接成普遍。

演繹法：從常規推論至個別情況。

犯罪現場很像電影院放映的恐怖電影片，人們可以用不同方式闡釋。許多觀眾也常常是受害者之一。

空白的天賦觀念

認識論（**Epistemology**）是哲學的一個支派，主要在討論知識。十八世紀時，有兩個極端相異的看法：

1. 理性主義者 （**Rationalist**）

知識透過演繹法取得，從普遍法則推理到個別事件。

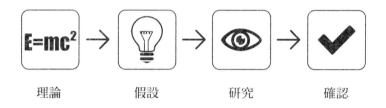

| 理論 | 假設 | 研究 | 確認 |

這可說是種由上而下的思考方式，人先由一個抽象的普遍規律出發，然後再逐一解釋日常事件，是一種理論引領實務的方式。

理性主義者相信先驗[1]的知識，我們可以用感官分辨與經驗無關的真理。數學中有許多例子，例如一個三角形有三個側面，如果我們明白它的原理，就知道它的規則。真理獨立存在於我們的經驗外。真理或正義等概念都有具體的核心，此學派的追隨者為柏拉圖、笛卡兒和斯賓諾莎。

人們需要正確的基本原則去推導，演繹法才會有用，就好像如果朋友給你的地址是錯誤時，再好的導航系統也沒用。

2. 經驗論者（Empiricist）

知識通過經驗產生，並從單一情況變成法則，是種從下到上的方式。人們從個別例子形成最後理論，以實務引領理論。

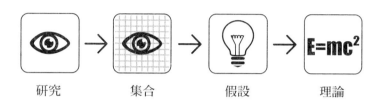

研究　　　　集合　　　　假設　　　　理論

所有的知識來自經驗，我們好比一張白紙，因為感官所獲取的經驗使我們得出結論，並獲得知識。科學主要基於經驗準則，細分研究及證實後得到其中的理論。這一理念最有名的代表是英國的約翰・洛克（**John Locke**）、喬治・柏克萊（**George Berkeley**）和大衛・休謨（**David Hume**）。

為了歸納形成目標，人必須能信任自己的感官。曾喝醉幻想穿牆的人都知道感官是會騙人的，而人的頭顱再怎麼硬，也敵不過牆壁。

1. 先驗（**a priori**），拉丁文中指「來自先前的東西」，亦有「在經
   驗之前」之意。

第 63 堂課
理性主義與經驗主義的拳擊賽

第 64 堂課　大衛·休謨小檔案

> **Philosopher Data**
>
> 國籍　　蘇格蘭
> 時期　　西元 1711—1776 年
> 影響程度　■■■■■■■■□□□□
> 追隨者　　康德、叔本華、卡爾·波普、約翰·洛克、喬治·柏克萊

⍧ 最糟糕的主意

《人性論》（**A Treatise of Human Nature**）是現代人認為休謨最重要的著作，可是在當時，此書卻不是暢銷書，評價甚至很糟糕，休謨這麼記載這本書：「媒體反應一片死寂，甚至連那些狂熱分子都沒半句呢喃。」

基於這個原因，他秉持一種哲學大拍賣的方式，寫了一本簡易版，名為《人性論摘要》，聽起來雖然還是很無聊，但卻符合當時的時代精神。如果改名成《給呆子的研究或是研究效果：為何所有知識皆錯》，那這本書可能會賣得更好。

◯ 軼事

休謨是眾所皆知的宗教批評家。有天他散步經過一片沼澤地，不小心掉進泥沼中，他大聲呼救，剛好被一個女人注意到。

「你不就是休謨，那個無神論者嗎？」女人喊著。

「是的，基督教慈善機構不是要求你們幫助所有人嗎？」休謨問。

「我管基督教慈善機構說什麼！」女人得意地回答。「在你不朗誦主禱文、不信奉聖經，還有不信奉基督教前，我什麼都不會做。最多把你原封不動地留在這。」

哲學家擔心小命不保，所以就照做了。最後他被救出，還得忍住不將那女人推進沼澤裡。

📝 名言

» 「對宇宙而言，一個人的生命並不比一隻牡蠣重要。」
可能還更不重要，因為牡蠣至少味道還不錯。

» 「事物的美不在於本身的價值，只存在於欣賞者的心裡。每個人心中都有不同的美景。」
可能很對，不過卻完全不是優良的調情語言。

» 「智者的信心與證據是相對應的。」
否則就當是公關經理，並且消滅所有的證據。

對宇宙而言，一個人的生命
　　　　並不比一隻牡蠣重要。

大衛·休謨的廁所

① **假髮：**大衛‧休謨讀過法律，只是後來他表示這門學科讓他感到噁心。

② **小丑鼻子：**他有過人的娛樂大眾的能力。

③ **醫藥處方箋：**休謨年輕時沉迷於發掘「絕對真理」，所以精神衰弱。

④ **文憑：**十二歲時就讀大學。

⑤ **歐洲旗幟：**他的學說首先在歐陸發跡，之後才在英國成名。

⑥ **現代代表：**電影《魔戒》裡的甘道夫（Gandalf）。兩人都周遊列國，如同甘道夫，休謨也十分聰明，而且在許多地方都是受歡迎的訪客。當甘道夫深深影響哈比人時，休謨的魔法對身材矮小的盧梭和康德也起了作用。康德甚至聲稱，休謨將他從「教條式的沉睡」中抽離。乍聽之下很糟糕，因為沉睡一般都蠻棒的。

Too long, didn't read

對休謨而言，知識分為兩類：對想像的看法（靠的是肯定邏輯的思考，可是訊息卻與世界無關）以及對世界的看法（可是卻無法證明）。

第 65 堂課　奧坎的剃刀論：
清理想法的工具

　　生活可能相當複雜，但別擔心，哲學可以幫助你，特別是奧坎[2] 以及他的剃刀比喻。這比喻簡單得令人驚訝（卻常常被誤解）：當你有多種假設而無法決定時，應該選擇假設最少的一個。你們大概不知道奧坎的手提箱裡，其實還有好幾個他發明出來的工具。

① ② ③ ④

工具	定義	狀況	沒有工具	有工具
①剃刀	當有多種推論可能時，選擇假設最少的那個	暖氣發出怪聲	天啊！有個怪物在屋頂煙囪上，希望牠吃素	加熱幫浦壞了

②貞操帶	想與不同人做愛，失憶是最佳方法	你會被指控不忠	「是的，我常和這女人做愛。有時還玩些奇怪的雪茄遊戲。」	「我和這女人無性關係。」
③防火牆	這看起來像隻鴨子，叫起來也像，所以應該是隻鴨子	一位奈及利亞王子提供你數百萬	錯誤的身分以及遺失的遺產	看一下垃圾郵件夾
④斧頭	想進攻一個國家，一定要有個好的記者會	貴國資源不足	「伊拉克有很多石油，我們希望能分點，因為我們有強大的軍力，我們也該善加使用，懂嗎？」	伊拉克擁有大規模毀滅性武器

> **Too long, didn't read**
>
> 奧坎剃刀的比喻指出，永遠選擇假設最少的推理。

---

2. 奧坎（**William von Ockham**），1287—1347 年，邏輯學家、聖方濟各會修士。

第 66 堂課
一趟穿越偏見世界的無偏見旅程

下一個可以使人擺脫錯誤觀念的輔助工具，本身就是個讓人感到相當怪異而且被低估的偏見。當你了解之後，希望你不再常常掉進這類偏見裡。

啦啦隊效果：整體看起來比個別更好的傾向。「看看他的朋友們！他肯定好看。」

IKEA 效果：即使才不小心鑽到大腿，還是對自己 DIY 成果有強烈情感聯繫的一種傾向。「那塊我剛才在烤箱裡烤的，沒有蘋果的冷凍蘋果派，真好吃（回想起來）！」

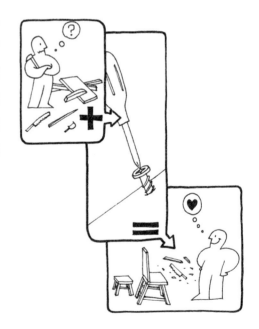

事後偏見：認為所有事件都是「可預見」的傾向。「在我看來，一個中樂透的百萬富翁會在十三號星期五同時被雷劈和被鋼琴砸到頭的可能，太合乎邏輯了。畢竟世界上有這麼多人，還有那麼多架鋼琴。因此，它絕對是可預見的！」

假想控制：高估我們對外界事件影響的傾向。「我的祈禱是你能想到最好的預防針，為何還要打針呢？」

訊息偏差：想獲得一些訊息，即使那些根本不能影響我們決定的傾向。「將所有這些偏見列舉出來，它們真的是太滑稽了（而且回想起來，完全掌握它們了！）」

購買決定的正當化：解釋買東西是有意義的傾向。「我就是（事後）知道，買《廁所裡的哲學課》這本書是正確的，這本書超級聰明又好笑，而且作者超帥（如果他站在一大群人裡）。」

達克效應（Dunning–Kruger effect）：不才者無能去認知到自己的不才，因為他們分不清有能力和無能力的區別。「這不可能發生在我身上，我對競爭力分析非常在行。」

=== Too long, didn't read ===

現在回想起來，你在眾人間既有能力，外表又出眾，一旦你能有所表現，就能掌握得很好。此外你所知過少，所以無法知道自己錯得多離譜。證據？就是你很高興買了這本書。

第 67 堂課　哲學家的討論

作為一個哲學家，假若你從未參與過討論，就好比一個拳擊手沒上過擂台般，所以你必須準備相對應的盔甲。你的對手通常會有修辭上的謬論、邏輯不通、歧義或是詞不達意的狀況，找出它們，不然就乾脆維持現狀，同時採用相同的招數。以下六種修辭種類會對你有所幫助：

1. 訴諸心靈：「德國哲學家是最優秀的，因為……」

 A. 用權威佐證：「有超過四百位精英足球員持有相同的看法，而且他們都說『亞里斯多德』是他們最喜歡的希臘餐廳。」

 B. 習俗：「所有德國酒吧裡的人都喜歡大談哲理，所以他們也是最優秀的。」

 C. 成就：「最富有的哲學家都來自德國。」

 D. 無知：「沒有一位我認識的德國哲學家不優秀。」

 E. 傳統：「德國哲學家在十九和二十世紀都極有影響力，所以在二十一世紀時肯定也一樣。」

2. **訴諸情感**：「最棒的哲學家是（廁所）哲學家，因為……」

   A. 恐懼感：「所有其他哲學家都想殺了你。」

   B. 奉承：「像你這麼聰明的人，當然知道。」

   C. 調侃：「視傳統哲學高於廁所哲學，就彷彿相信有聖誕老人和巧克力獨角獸一樣。」

   D. 口徑一致：「你買這本書，而且你不屬於那種拿辛苦賺來的錢付三流教育的人。」

3. **不正確的結論**：「我將最後一分錢拿去買魔豆，這完全是對的，因為……」

   A. 以故事舉證：「我讀過一個故事，小男孩將最後一塊錢買了魔豆，從此幸福快樂。」

   B. 假因果關係：「我剩下的錢剛好可以買魔豆，表示買這東西是完全正確的。」

   C. 賭徒想法：「之前的五顆魔豆都無效，現在幸福總該降臨在我身上了。」

   D. 貌似中立：「你要我拿錢買麵包，但我想燒錢來反對資本主義。買魔豆是一個蠻公平的妥協。」

4. **操縱修辭** ：「你應該選我，因為……」

   A. 謊言：「我的對手的最大愛好是殺小海豹。」

   B. 轉移注意力：「感謝你的問題，它讓我想起去年夏天與小海豹一起經歷的美好故事……」

   C. 錯誤的確認：「有關我的前十個谷歌搜尋結果？都非常正面！」

   D. 錯誤的兩難：「不是我就是恐怖分子贏。我們不能冒這個險。」

   E. 概括化：「我的朋友圈調查結果顯示，我是最受歡迎的人選。」

5. **直接攻擊**：「（廁所）哲學不是在浪費時間……」

   A. 人身攻擊：「每位攻擊（廁所）哲學的人，都在散播仇恨。」

   B. 舉證責任：「你缺乏證據，告訴我為什麼啊！」

   C. 思想源頭的謬誤：「傾左自由派媒體當然又在散播哲學無用論的論調。」

   D. 物以類聚：「因為你不教孩子（廁所）哲學，那你就跟恐怖分子沒兩樣。」

   E. 替代：「就像你很難說人文對經濟毫無貢獻一樣，你不能說所有的哲學家都是計程車司機。」

6. **任意解釋因果關係：**「政府應該發給每位公民一本《廁所裡的哲學課》。」

    A. 循環論證：「教育很重要！廁所哲學也教育人。因此，誰對發放《廁所裡的哲學課》有意見者，就是對教育有敵意。」

    B. 負負得正：「花納稅人的錢買八千萬本《廁所裡的哲學課》是錯誤的，但一樣的論述也適用於武器和戰爭。最終這是兩害相權取其輕。」

    C. 斷言共同因素：「自《廁所裡的哲學課》出版後，經濟不斷成長，因此越多人閱讀此書，對我們的經濟越好。」

    D. 結果論：「閱讀哲學書可以獲得更多詞彙量，所以你肯定讀了大量的哲學書籍。」

Too long, didn't read

每個人永遠都會詮釋錯誤。明瞭這一點是種解脫，但也同時令人感到害怕。論證有點像足球賽，只要裁判沒有吹哨，都不算犯規。

第 68 堂課　伊曼努爾·康德小檔案

Philosopher Data

國籍	普魯士／德國
時期	西元 1724—1804 年
影響程度	■■■■■■■■■■
追隨者	基本上是所有的哲學家。康德有名到擁有以他命名的康德學派。

👍 最好的點子

哥白尼革命。通常這個詞是用來形容從地心到日心說的世界觀的轉變。人們也將它用來形容康德的新哲學方法。傳統上，哲學家將外界世界以及客體做為研究的中心；康德革命性的想法則走了一條不同的道路：不考慮世界及客體是如何形成的，而是分析在何種先決條件下，我們能知道世界，也就是研究有哪些要素好讓我們獲得知識，並將此主體置於中心。

💬 軼事

康德是歷史上的奇特人物之一，他行為古怪的軼事也廣為流傳。他的日常作息是經過精準規劃的，每天早上五點，從他的僕人叫道「是時候了！」後開啟一天。康德只吃午飯，一般安排在下午一至四點，整整持續三小時，還至少會邀請兩個（但從未超過五位）嘉賓一起用餐。之後無論刮風下雨，康德會在他的家鄉柯尼斯堡的街上來回散步八趟，而且路徑從未改變。

他一生只有幾次錯過或延後散步的時間。據說如果這樣的情形發生時，柯尼斯堡的居民會因此調整自己手錶的時間，因為他們認為康德其他時間不可能在路上。

名言

» 「要有使用知性的勇氣。」

如果你還感到恐懼，也只有勇氣能用了，而且這可能意味著，知性是很危險的。

» 「就連哲學家也認為，戰爭是某種程度上神化人性的讚頌。即使有位希臘哲學家說過：戰爭製造出的壞人比除去的多。」

對有些人而言，那是反恐戰爭；對其他人來說，卻是製造更多戰爭。

» 「我們存在於這個世界不是為了獲得快樂，而是履行我們的職責。」

如果一個人認為他的職責是吃很多冰淇淋和獲得充足的睡眠的話，這話很受用。

我們存在於這個世界不是為了獲得快樂，

而是履行我們的職責。

伊曼努爾·康德的廁所

① **銀河系海報**：康德的首部著作受到高度重視，那是本關於星座的論文。

② **休謨和笛卡兒的書**：作為理性主義和經驗主義的代表。

③ **優良教師獎狀**：康德深受學生歡迎。

④ **上頭印有家鄉的腳踏墊**：他從不旅行。

⑤ **小板凳**：他個頭小。

⑥ **現代代表**：超人。康德和超人一樣深受責任感牽引，責任感強到被極端的理性受限著，而且他的力量正如超人的力量般，幾乎無人敢觸碰。哲學史是以時期劃分的，如「希臘」或「羅馬」，然而他是唯一一位擁有自己年代的思想家。每位（廁所）哲學初學者可以用「康德前」以及「康德後」來證明自己的能力。

= Too long, didn't read =

康德是位古怪的普魯士哲學家，他的影響力大到有以他命名的學派。他對理性感興趣，而且因為不知名原因，從未離開過居住地。

第 69 堂課　康德的知識論

我們如何獲得知識？透過經驗或是藉由把握真理？康德以決定性的進步，重新解讀這個問題：他意識到，理性主義和經驗主義並不是相互排斥的理論，反而更像是硬幣的正反面。想理解為何康德摒棄原來的對峙，我們必須了解他對「分析」、「綜合」，以及「先驗知識」與「後驗知識」之間的區別。

這聽起來很困難，讓人感到不適，也確實是一個非常困難的哲學概念。誰搞清楚了，誰就遠超過一般哲學系學生！所以讓我們謹慎入手（若想中途閃人，也無須覺得羞愧）。

本質上，知識有兩種基本類型：

1. 先驗＝沒有經驗即可滿足的主張

   例如：「$7 \times 7 = 49$」或是「單身漢是未婚的。」

   單身漢本身不取決於單身漢的種類，而是已經包含在本身的定義裡，也就是說，單身漢必須未婚，才能稱為單身漢。

2. 後驗＝藉由經驗才能完成的主張

   例如：「英國常下雨」或是「德國擅長十一碼踢球」。

這還算容易理解，讓人想起原始的爭議（經驗或邏輯思維，哪個對於獲取知識較重要）。可是康德做了進一步的區分，他再分成「分析式」以及「綜合式」兩種主張：

1. 分析式 = 解釋已內含在主詞的主張

   例如：「一個三角形有三個邊」，此主張指向自我內在。三角形已經包含「三」以及「邊」的概念。

2. 綜合式 = 指涉的事實不含括在主詞內

   這聽起來很可怕，不過卻常發生，例如下面範例所示：「所有有心臟的生物也有腎」所指的並非本身，而是別的東西。「心臟」這個概念並不自動包含「腎」。

四種知識的可能

整合這些差異，可以得到以下四種可能組合，這四種情況是組合指涉對象（分析和綜合）與證明（先驗和後驗）所產生含括所有可能的知識。

判斷	先驗 （無驗證的必要）	後驗 （根據經驗佐證）
分析式 （向內：主詞包含述詞）	**分析先驗 ＝ 所有單身漢都未婚。** 一些我們自然知道的事，因為已經先定義了。簡單枯燥是所有定義棲身之處。理性主義者認為這種知識為真。	**分析後驗 ＝不存在。** 已經定義為事實時，就不需要經驗佐證。
綜合式 （向外：主詞不包含述詞）	**綜合先驗 ＝所有形上學的問題** 所有關於世界、我們本身的基本以及有趣的問題都屬於這個範疇。	**綜合後驗 ＝雨是濕的、麵包總是往有塗醬的那一面掉下去。** 藉由經驗獲得，且不自我指涉的判斷。簡單無趣。基本上所有從定義上不正確者都屬於此類。經驗主義者認為這類知識最優。

許多有趣的哲學問題落入了綜合先驗判斷，也就是說：

1. 無定義根據的主張（意即：綜合一些其本身不蘊含的概念）

2. 它們是普遍而且有必然性的（意即：先驗不能被經驗證明為假）

這些問題通常被稱為形上學：什麼是大自然的規律？上帝是否存在？是否有真正的因果關係，或其實只是一種假象等。康德表示每一個形而上的判斷必定是綜合先驗，否則就會有資訊的內容或是可驗證。

康德純粹理性批判的偉大成就在於，他經由展示知識的深層結構，調合了理性主義和經驗主義。康德沒有選邊站，而是指出核心問題，提出達成這種可能的必要條件。

Too long, didn't read

康德指出，許多有趣的問題都有形上學的本質，因為其所涉及的內容既無法以經驗驗證，也無法直覺地知道，所以是「綜合先驗判斷」。當你套用最後一句話，而有人看懂時，千萬別和他繼續討論下去，因為他將會辯贏。

第九章
道德與烏托邦

第 70 堂課　經典哲學難題：電車問題

　　先恭喜你，你是蝙蝠俠。不幸的是，權力越大責任也越大。當你正準備測試披風的飛行特性時，電話突然響起，電話的另一頭是警探高登，他拜託你盡快前往高譚市車站，因為小丑在那挾持人質。蝙蝠俠，上蝙蝠車吧！

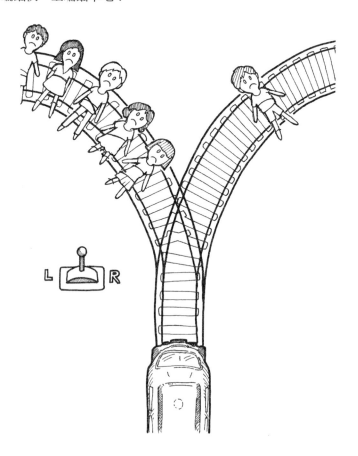

當你抵達車站時，發現小丑正駕著車快速衝向被綁在鐵軌上的五名人質。一開始你想不到救援方法，後來發現可以用開關改變軌道，快車可以被引導到另一條軌道上，只不過那條鐵軌上還有個工人正忙著，完全不知道自己處於危險，他可能會因此當場斃命，但是你沒有其他法子可以阻止快車，而且腰上也沒配戴「奇蹟武器」，眼前你只有兩個選擇：（一）什麼都不做，讓那五個人死；或是（二）改變軌道，只讓一個人死。你會去碰那個開關嗎？

□會　　　□不會

也許你們早就面臨過這種或是類似的問題，它被稱為電車問題（Trolley problem），95% 的人碰上此問題會選擇改變軌道。讓我們現在把情況變得更複雜一點，開關壞了，但橋上站了一個胖子，你可以把胖子推下橋，你也確定他的重量足以讓火車停下來，這樣那五個人可獲救，但胖子會死。你會推他下去嗎？

□會　　　□不會

這樣的行為更糟嗎？這不算謀殺嗎？調整軌道不算間接殺人嗎？讓我們再回到原本的問題：五個人被綁在鐵軌上，一個人在另一條軌道上，有個開關可以改變軌道，這五位人質都超過七十歲，而另一個軌道上的那位只有十五歲。你會因此比較容易選擇嗎？

□會　　　□不會

倫理學是哲學的分支，涉及許多難題，也將是本章的重點。

> **Too long, didn't read**
>
> 道德很複雜，一個小小的情境差異就可以馬上改變我們對與錯的結論。還有，當個蝙蝠俠真難。

第 71 堂課　當各種學派遇上電車難題

如同在哲學裡常見的情況，電車難題提供我們許多有趣的問題，卻沒有一個簡單直接的答案。如果你需要幫忙，這裡有一些針對電車問題的看法：

享樂主義：一個還是五個？有差嗎？你們根本搞不清楚開這車多好玩。快點！

虛無主義：隨便你救誰，一切都是運氣！

冷漠感：我對一切都無動於衷。

現代冷漠感：我可以將幾張事發現場的照片上傳到 Instagram 上。

斯多葛主義：無論決定如何，也不會對我的存在有任何影響。

悲觀主義：如果我試著調整開關，可能會搞壞了，一切就會變得更糟！

女性主義：誰在駕駛火車？小丑？一個男人？果然！

功利主義：調整開關！一個比五個少！

美國：這輛行進中的火車是恐怖行為。炸掉整個車站吧！

希臘：跟你賭，這是歐盟的火車，只有遇見銀行行員才會停車。

北韓：什麼是「火車」？偉大的領導者何時發明它的？

德國國鐵：別擔心，如果車即將啟動，肯定會遲到一小時才開到軌道開關處。

俄羅斯：在俄國，開關會自行解決。

中國：哪班火車？一切都很好，別再找麻煩了。

共產主義：火車是屬於大家的，有其他人會處理。

資本主義：火車太大撞不了，政府必須買單。

變態者：你為什麼問我？我只負責開火車。嘟！嘟！

Too long, didn't read

你不用將電車難題和各類思想比較後，再決定不上哪條軌道（免得被撞死），因為這和開關完全無關。

第 72 堂課　功利主義怎麼看電車問題？

　　面對電車問題，最後大多數人會退到所謂的功利主義（**Utilitarianism**）。猶豫不決時，最好選對多數人最有益的選項，也就是啟動開關。殺一救五，簡單的數學。然而，功利主義真的是絕對的制式答案嗎？

　　想像自己是位仁醫，眼前躺著五位罹患絕症的病人，假如不馬上進行器官移植手術，今天就必須宣告死亡，可惜手邊沒有任何所需的器官。隔壁病房有位身強體壯的年輕人，是來割扁桃腺的，既然他尚未從麻醉中醒來，基本上你可以割除他的器官，救上五條人命。一命抵五命，宛如電車難題。你怎麼抉擇？

　　在電車難題中，你很有可能選擇調整開關，但現在你可能會猶豫了。除了你在此事必須更主動外，差別在哪？需求有所不同？功利主義正式拜託你去殺了這名年輕人，不是嗎？想想這只是單純的算術問題。功利主義似乎是個正確的解決方案。那，問題出在哪？

　　假設你是新聯邦國「烏堤拉」的總統，此國由十個邦組成，你決定平均分配資源和資金（各邦只有人口數的差異）。五年後，十位邦長一起來找你要重新談預算。你驚訝地發現，五年前每個邦都拿到一樣的錢，但卻有完全不同的經濟發展。十國之中有九國表現不俗，其中烏堤拉亞表現尤其顯著，它的經濟蓬勃發展，進步得比其

他邦加起來都還快。你給烏堤拉亞的每歐元，早已從稅收拿回二．五歐了，其他邦再好也只有一．一歐元，有的甚至還是負的。因此，烏堤拉亞邦長要求比其他邦獲得更多的資源。

他是對的嗎？從長遠來看，那會對大部分的人有益，因為有更多稅收入庫後可以再分發出去，但同時，其他邦必須挨餓。功利性的解決方案是什麼？

一旦你保證烏堤拉亞獲得更多資源時，問題就來了，其他邦會退步，結果會要求更多資源。最後你在養的就是諾齊克[1]所謂的「功利怪物」，你繼續將資源投資在已經開始運行的系統中，也限制了其他尚未跟上的邦。你雖然效忠功利主義，但也不允許較弱的邦趕不上。功利主義只看數字，不看命運也不管正義。幸福或價值如何測量？為什麼永遠是數量而非質量呢？

Too long, didn't read

我們很容易只專注數量並失去對質量的關注，一個有價值勝過五個無價值。功利主義並非平均主義。

---

1. 羅伯特．諾齊克（**Robert Nozick**），**1938—2002** 年，美國猶太裔哲學家，著有《無政府、國家與烏托邦》等書。

第 73 堂課　道德的種類

　　看過荒島節目或是讀過《蒼蠅王》[2] 的人，就會知道文明是何等脆弱，以及一旦基本需求受到威脅或是有金錢誘惑時，人會多輕易的放棄文明，或就像像托洛斯基[3] 說的：「每個社會距離革命只有三頓飯之遠」。每個社會必須決定立足的倫理價值，哲學家將我們努力壓抑野蠻的嘗試分為幾種道德類別，其中最重要的兩種是：

1. 義務論（**Deontology**）：不考慮結果的規則

　　因為我們通常既不能完全忽視，也無法影響自我行為的後果，因此很難知道是否符合道德基礎生活著。義務論解決了這個兩難，他們認為人不應該用結果來判斷是否遵守規則。

優點：簡單、明確、無曖昧。責任都外包了。
缺點：僵化。當規則未被定義清楚時，不知該如何行動。聖經上明確規定午餐該吃什麼、不該吃什麼，然而對於吃午餐時是否可以使用智慧型手機則無明確規範。此外，如何知道哪些是正確的規則？是十誡、黃金定律、伊斯蘭教法或是童子軍守則？

2. 結果論（Consequentialism）：只問結果，不考慮規則

最好是遵循結果而行動。結果論者認為，盲目遵守規則是人類歷史上暴行的根源。因此我們一定要注意行動的結果，並以此為基礎找出道德。

優點：靈活，無須學習多種規則，可加強自我反思與責任感。

缺點：結果可能有不同的詮釋。結果是為了誰？為你個人？為你的家人？為你的國家？還是不相干的東西？短時間內我們也很難預見到行為的後果。不妨問問那些通宵狂歡，第二天一早抱著馬桶的那些人。

Too long, didn't read

有兩種主流的道德看法：義務論，關於遵守規則；結果論，著重在行動的結果。

---

2. 《蒼蠅王》（**Lord of the Flies**），威廉·高丁（**William Golding**）於 **1954** 年發表的長篇寓言小說。高丁於 **1983** 年獲得諾貝爾文學獎。

3. 列夫·托洛斯基（**Leo Trotzki**），**1879—1940** 年，俄國十月革命指揮者。革命家、政治理論家和作家。

第 74 堂課　卡爾・馬克思小檔案

Philosopher Data

國籍　　　德國

時期　　　西元 1818—1883 年

影響程度　■■■■■■■■■■■

追隨者　　最糟糕的獨裁者，如史達林、毛澤東、波布[4]、卡斯楚

👍 最好的點子

馬克思主義。歷史不是個人而是由社會群體決定的。馬克思所處的時代，在資本主義下劃分為資產階級和無產階級，此二階級目標一直大相徑庭，進而導致階級鬥爭。這是因為資本主義導致異化（Alienation）：我們的所需品不再以具創意的流程製造，而是以工業流程生產，之後再將產品提供給一個匿名的市場。在這過程中，無產階級失去的日益增多，而資產階級的資本卻不成比例的增加。對馬克思而言，社會主義革命是不可避免的，當社會階層隨著革命瓦解，階級鬥爭才會告一段落。

👎 最壞的主意

馬克思主義。有人說二十世紀最大的悲劇，就是沒有先用白老鼠實驗共產主義。不知是幸還不幸，馬克思本人並沒有機會經歷共產主義的思想是如何在一些國家被濫用的。他深信，這個革命是因為無產階級在工業革命期間受苦，而革命後的社會會更公正。不幸的是，從可悲的事實看來，只要我們手中有足夠的繩子，總能找到一個理由把他人吊死。

✏️ 名言

» 「如果這些人是馬克思主義者，我不想是其中一員。」
他參加馬克思主義的聚會，馬上就離開了。

» 「宗教是人民的鴉片。」
不幸的是，反之則不然，鴉片不是人民的宗教。

» 「工作停止之際，就是自由王國的開始。」
愚蠢的是，停止工作之際，也正是權利被終止時。

---

4. 波布（Pol Pot），1925—1998 年，原名桑洛沙，柬埔寨華人後代，赤柬最高領導人、柬埔寨共產黨總書記。

卡爾·馬克思的廁所

① **博愛徽章**：馬克思學生時期交友廣泛，他父親有次甚至要幫他解決負債。

② **萊茵報**：馬克思以及弗里德里希·恩格斯（Friedrich Engels）辦了這份報紙，以提醒大家注意歐洲工人的困境。

③ **非馬克思徽章**：（參考名言）。

④ **股票**：馬克思辦報賺的錢比哲學家還少，所以他有一小段的時間跑去當股票交易員。

⑤ **月曆**：最會拖稿的作家。《資本論》一書拖了十六年才交給出版社。

⑥ **現代代表**：切·格瓦拉（Che Guevara）。兩人的聲望都是死後被拖累，也是被錯誤感動的受害者。兩人都有廣泛影響力，卻只有少數人真正知道他們的立場為何。兩人也都留鬍子（有助 T 恤的銷售）。

 ┌─ Too long, didn't read ─

馬克思是德國哲學家，他以分離資產階級及無產階級的想法著名。雖然他希望催生的是一個因「無階級」而和平的社會，然而他的思想卻往往被暴君濫用，結果增加了不公平的行為以及 T 恤的銷售量。

第 75 堂課
如何打造一個（反）烏托邦的社會？

縱觀歷史，我們會發現大家真的搞砸了一件事，那就是發展倫理公正的系統。難怪，每個上一代想像出來的烏托邦，過一陣子後聽起來都像是可怕的願景（反烏托邦）。這裡列舉幾個標準的願景，試著從摘要中找出它們原本究竟是以烏托邦（U）或反烏托邦（D）設想的：

名稱	摘要	年代
① 柏拉圖的《理想國》（Republic）	一個最多只有 5040 人的社會。女人與小孩都是男人的資產。	西元前 380 年
② 摩爾的《烏托邦》（Utopia）	一座島上有 6000 個住戶，無私人財產。家家戶戶都有奴隸，福利國，允許安樂死。	1516 年
③ 哈得遜的《水晶世代》（A Crystal Age）	人類為了過一個簡單的鄉村生活，放棄科技。這裡只有一台機器、一個能製造情境音樂的杯子。只有女王和首選男子可成家生子。	1887 年

名稱	摘要	年代
④ 杜德的《未來共和國》（The Republic of the Future）	人類住在完全一致的屋子裡，男人與女人穿著也一致，每天只需工作兩小時。旅行是被禁止的，平庸也是依規定設定好的。每個才能出眾者都會被驅趕。	1887 年
⑤ EM 福斯特的《機器休止》（The Machine Stops）	人類活在地底下，而且在不同地洞裡。在洞穴中，他們只要像崇拜神般照顧好一台機器即可。	1909 年
⑥ 吉爾曼的《她鄉》（Herland）	社會只由女人組成（兩千年來，沒有男人），也可無性繁殖，但只有最勇敢的女人可以生育。	1915 年
⑦ 赫胥黎的《美麗新世界》（Brave New World）	西元 2540 年，人們固定狂歡，這些人都受一種特殊的抗憂鬱藥影響，可以在睡眠時學習。下層階級會被操控要少受教育、少點好奇。	1932 年
⑧ 諾蘭的《逃到二十三世紀》（原書名：羅根快跑，Logan's Run）	人類住在一個被覆蓋的世界裡，每個人在二十一歲前都可以隨心所欲縱慾玩樂，之後將被處死。	1976 年

┌─ Too long, didn't read ─

過一段時間後，每個烏托邦感覺都像是恐怖願景。一方面是恭維人類的進步，另一方面，好像人類的幻想能力破產一樣。

第 76 堂課　黑格爾的辯證法

　　除了烏托邦和反烏托邦的想法外，也有許多概念被扭曲，並在演進的過程中變得過時，這現象背後的哲學理論稱為「辯證法」（**Dialectic**）這個詞可以追溯到古希臘語，指的是有不同想法的兩人透過討論，克服原本的意見差異，以實現相互理解的對話。以下是理想實現的過程：

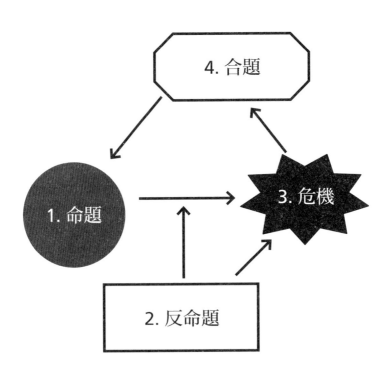

黑格爾辯證法

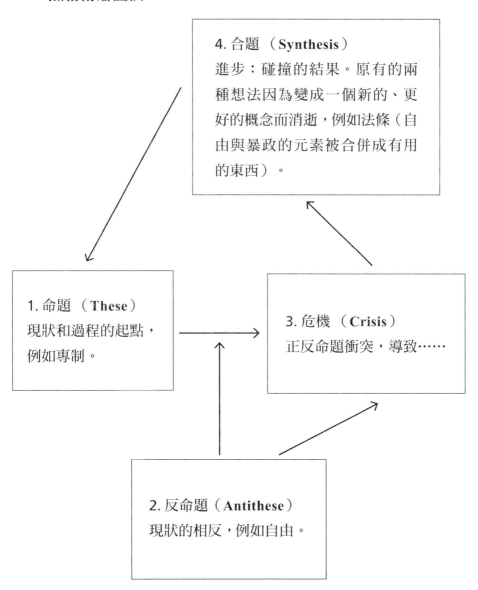

4. 合題（Synthesis）
進步：碰撞的結果。原有的兩種想法因為變成一個新的、更好的概念而消逝，例如法條（自由與暴政的元素被合併成有用的東西）。

1. 命題（These）
現狀和過程的起點，例如專制。

3. 危機（Crisis）
正反命題衝突，導致……

2. 反命題（Antithese）
現狀的相反，例如自由。

「辯證法」是一種古老的方法，十八世紀的黑格爾[5]是其中最有名的哲學家代表。他在著作中試圖表明，歷史不斷在辯證運動中發展，但歷史能如何辯證？

黑格爾深信，任何概念或命題都涵蓋本身的反命題，例如在絕對壓迫下，專制能被認可，因為專制必定涵蓋其本身的反命題，也就是自由。

歷史是社會不同階層互動干戈後，將原有衝突思想合成的永恆循環。基於此因，黑格爾也認為歷史意味著進步。每一次命題、反命題以及合成循環就會產生更好的概念，最後，這個過程只會充滿無矛盾的完美想法，再也沒有與現狀的衝突、沒有危機，也沒有合題。歷史也終結在此。

也許，再也沒有其他概念比「辯證法」影響馬克思的作品更多了，馬克思認為，除了統治者與被統治者之間的永久鬥爭（即所謂的階級鬥爭）外，沒有其他抽象的概念能做為形成這種辯證歷史過程的基礎。

馬克思和黑格爾都認為，歷史將會終結，不過當黑格爾認為完美的理念是抽象之際，馬克思認為社會主義才是真正的解決方法，因此不再有階級鬥爭，所以也沒有辯證過程的必要。

Too long, didn't read

對黑格爾而言，歷史是一個辯證的過程，每一個想法（命題）包含了相反內容（反命題）。社會處理這兩個相互矛盾的想法，並形成一個新的想法（合題），之後它又會是一個新的命題，必須克服辯證。

---

5. 格奧爾格・黑格爾（**Georg Hegel**），**1770—1831** 年，德國十九世紀唯心論哲學的代表之一。

第77堂課　哲學名人堂

有人說，死後人人平等。這可能是真的，但死後會發生的事卻不盡相同。我們無法掌控自己死後留下的遺產，正如同烏托邦的想法隨著時間的推移，會變成反烏托邦般，公眾對某一個人的看法也可能會改變。當一些人被其他人踩在地上踐踏時，有些人死後幸運地成為英雄。

死後英雄（千古流芳）

人名	生前	死後
孔子	完全被拒絕	兩千年來，在中國幾乎是所有問題的最高指導原則。
第歐根尼[6]	住在一個桶子裡，而且公眾手淫	因為住在桶子裡且在大眾前手淫，所以形成娛樂效果。
艾倫·圖靈	因為同性傾向而被判道德罪，導致自殺	要感激他，因為幾乎是靠他一人破解了恩尼格瑪密碼機，才縮短了幾年的戰爭。民族英雄。
戴安娜王妃	專業猶豫不決者，在典禮上戴著滑稽的帽子	全球的烈士、人民的公主。

死後惡棍 （遺臭萬年）

人名	生前	死後
尼采	全才，試圖解放人類	完完全全的納粹（多虧他妹妹）。
馬克思	為了平等和更美好的世界奮鬥	他的思想成為大屠殺的藉口。史達林說「個人的死亡是悲劇，但是百萬計的死亡則是統計數字」。馬克思的死驗證了這兩件事。
格瓦拉	反資本主義者	他的臉變成資本主義的生意，他的肖像成為革命人士的基本形象。
史達林	常被認為是無害的獨裁者	被揭穿為二十世紀最殘暴的獨裁者以及兇手。

Too long, didn't read

一旦死亡就無法控制別人對你的看法。不過人一死，一切也不重要了。

---

6. 第歐根尼（Diogenes），西元前 412—323 年，古希臘哲學家，據說第歐根尼住在木桶裡，他的財產只有一個木桶、一件斗篷、一支棍子、一個麵包袋。

第十章
虛無主義與信仰

第 78 堂課　如何為人生採買？

想像你在超市裡，試圖抵制那些不健康又誘人的食物，像是覆蓋了一層糖霜的甜甜圈，含酒精的飲料以及令人垂涎三尺但又高脂肪的起司。最後，你推著購物車準備結帳，裡頭有沙拉（本地農作）、番茄（有機）、酪梨（公平貿易）、麵包（全麥）、優酪乳（來自幸福的奶牛）以及一罐零卡可樂作為小獎勵。

你望著選購的物品，忍不住為自制力感到自豪，你可以向世人展示自己是個優良消費者了。排在你身後的，是個不修邊幅的傢伙，穿著皮夾克，正把他購物車裡的物品放到收銀台上。他陸續放了洋芋片（最便宜的）、啤酒（濃度最高）、巧克力豆（家庭裝），外加一瓶烈酒（一升）當做小獎勵。

「抱歉。」他說，並按了香菸販賣機上的按鈕，而且還按了五次！就這點而言，你可能覺得很自滿，因為多虧了自己的健康採購，你可以活得比他久，而且當你還在嚼有機沙拉時，他可能早已躺在地底下。只是，原始人也吃了有機食物，不是嗎？那時也沒有別的嘛。除此之外，他們很可能運動得更多，還可以呼吸到更新鮮的空氣，況且他們也不是坐在辦公室裡，而是得去打猛獁象、躲老虎。此外，當時既沒有污染，工作時數也不到一週三十八‧五小時，可是他們的平均壽命只有三十歲！

現在是讓我們從自滿轉為羨慕的時刻。這個身穿皮夾克付錢買了「可疑食品」的男子，可能會比你少幾顆牙而且早死幾年，不過從現在到那時，他可能活得可樂了。

畢竟只要你願意，嚼萵苣葉的也會吃洋芋片和巧克力，不是嗎？那究竟要花多少額外時間如此購物，以及要到何種程度，一切才值得呢？套句作家湯普森[1]的話：「人生不該是以好看的、保存完好的身體，安全到達墳墓為目的的旅行，應該是側身滑落一團煙霧，徹底精疲力竭，並且大喊：哇！真是趟有趣的旅程！」

我們所有人都在賭，因為認為把獎勵的時間往後延比較好，這樣也可延長享受獎勵的時間和提高質量。只要注重這些事，我們希望可因此得到較長的壽命，但是如果你預知下週會有台鋼琴砸到頭上，而且還會當場斃命，你認為自己購物車內的物品還會一樣嗎？最終我們都在賭一個不可知的未來，唯一的差別是，有些人是邊賭邊吃著花生的。

┌─ Too long, didn't read ─────────────────────┐
在許多方面上，我們犧牲當下並且期望未來有所收獲，即使我們一點也不確定這個未來。想買烈酒和各式花俏起司起就立刻買，別等到隔天了。
└──┘

---

1. 亨特・湯普森（Hunter Thompson），1937—2005 年，美國記者、散文以及小說家。

帕斯卡的賭注

現在我們來談個終極賭注,只是獎勵會晚點來。十七世紀時,法國哲學家和數學家帕斯卡[2]針對是否應該相信上帝這問題,提出了一個理性且務實的看法。

帕斯卡認為,相信的好處(獲得進入天堂的門票,沒有去地獄的風險)占的分量顯然比不信來得多(無罪、愚蠢頭罩、指定飲食、無聊的教堂服務),因此人們應該無怨無悔地相信上帝,或至少應該相信。

對此,你有何看法?不論你是否相信上帝,合理化你的選擇有意義嗎?

以今日開明的時代來看，帕斯卡將生命直接連結死後結果的賭注，有點近乎可笑，即使有來生，這個概念也隱藏了三個明顯的錯誤：

A. 說謊，直到可以上天堂。

上帝萬能到可以創造世界，而且還小心眼到可以用永恆的詛咒去懲罰人類，卻沒發現有人假裝相信祂、在耍祂？嗯。

B. 唯一的真神是誰？

無論我們將其稱為上帝、阿拉、黑天神或只是飛行麵條怪物，都無所謂（而且祂們可能都是同一位）。也有可能這些神是倫敦的公車，得等一輩子！死了之後，卻一次出現十台。你崇敬了對的神了嗎？

C. 人無法輕易相信自己根本不信的東西。

帕斯卡的「說謊，直到上天堂」是個不錯的主意，但難以實踐。信仰有點像打掃，越說服自己必須做，就越恨它。這真的不是發展真正信仰的良好基礎。

> **Too long, didn't read**
>
> 哲學家帕斯卡認為，寧願假裝相信上帝，也比不信上帝而永遠在地獄被火燒好。即使這意味著你必須帶著可笑的頭罩，而且週日得早起。

---

2. 布萊茲・帕斯卡（Blaise Pascal），1623—1662 年，法國神學家、哲學家、數學家、物理學家、音樂家。他是堅定的詹森教派信徒，思想受蒙田影響，著有《致外省人書》（Lettres provinciales）。

第 79 堂課　上帝以及獨角獸存在的理由

有很多理由能解釋為何世界存在著更高一層的權力，然而，不是所有的理由都具說服力，只要你不怕和信徒辯論，也可以用同樣的論點解釋那個一樣不可能（卻偉大）的現象，像是獨角獸是否存在。

上帝是存在的

本體論的理由

① 神是想像中最完美的存在。

② 存在比不存在更完美。

③ 基於這些理由，神必須存在（否則可能會有一個更完美之物存在）。

創世紀說法

生命是如此複雜，必須是由一個智者發明的。

聖經的證明

聖經裡的許多歷史已被證實。沒有神的存在，聖經就無任何意義，因此上帝是存在的。

個人見證

我知道上帝是存在的，因為我能感覺到祂的存在。

舉證責任

你無法證明上帝不存在。

強制性理由

不信上帝者會下地獄。

獨角獸是存在的

本體論的理由

① 獨角獸是想像中最完美的存在。

② 存在比不存在更完美。

③ 基於這些理由，獨角獸必須存在。

創世紀說法

祂聰明到發明了這樣一個複雜的生活，不會傻到要放棄獨角獸吧？

聖經的證明

聖經中多次提及獨角獸，例如賽亞書 34：7「獨角獸必須和祂們一起降臨」，基於此因，獨角獸是存在的。

個人見證

我知道獨角獸是存在的，因為我在電視裡看過好幾次。

舉證責任

你無法證明獨角獸不存在。

強制性理由

不信獨角獸者會掉入獨角獸窟[3]。

Too long, didn't read

如果你相信上帝的存在，那也可以相信獨角獸的存在，因為兩者都被記載在聖經裡。

---

3. 作者註：一樣熱，只是有更多的彩虹和糖霜。

第 80 堂課　弗里德里希・尼采小檔案

Philosopher Data

國籍	奧地利
時期	西元 1844—1900 年
影響程度	■■■■■■■■□□
追隨者	他那個後來和一位知名納粹人士結婚的妹妹。他們兩人在尼采死後扭曲他的著作，甚至篡改整段文章以配合法西斯宣傳。

👍 最好的點子

重新檢視所有價值觀，如「上帝已死（而且是我們殺死的）」。尼采認為不應該對所謂的真理有絲毫尊敬，人不應該無異議地將傳統價值以及約定俗成的事物，當做生命意義的指導原則，而是須將這些價值視為社會架構（這些結構可能還大相逕庭）。

如何拿捏兩者間的關係？尼采用槌子做哲學比喻。他也同樣如此看待知識：有多少人在生命裡需要將這些「真理」視為幻想？這些真理的真相本身其實就是種「必要的謊言」，它讓我們持續向彼此述說，好讓自己感覺好一點，以便忍受這個世界以及它的不公平。

但是，如果我們擺脫了宗教、科學以及所有其他意義結構（Meaning Structure）會發生什麼事？我們如何能沒有「假想」而存活著呢？尼采完全不懼怕這種想法，甚至認為這是值得追求的。

他在我們的自由裡看到生命的終極肯定，認同、接受「自己」是意義的唯一來源。

○軼事

學生時期，尼采曾經和同學喝醉後被捕，感到羞愧的他寫了一封撕心裂肺的信給母親，他寫道，如果她不願再和他說任何一句話，他也能瞭解。酒精將人扔到一個需要長時間才能再次回到原本文化水準的狀態。

後來他意識到自己的錯誤，抱持相反的看法：「想擁有藝術、一定的美感以及眼光，這種生理性的前提條件是必不可少的：飄飄然」。

所以下次你喝醉時，就跟同事解釋你只是在履行創造力的前提，並縱情藝術與美學而已。

咕嚕！雖然不盡然是迷人的眼神，不過還是乾杯！

✎名言

»「如果沒有音樂，生命就是一個錯誤。」
如果你生活在一個沒有五分錢合唱團（Nickelback）和小賈斯汀（Justin Bieber）的年代，你可以輕易如此說。

»「凡殺不死我的，必使我更強大。」
顯然他忘了外傷和腦損傷。這可能是因為有另一種說法：「有些讓我煩的事，如果可以讓我找到新的解決方法，必使我更強大」，不過這聽起來一點都不酷。

» 「瘋狂之於個體，只是相對罕見的事情；團體、政黨、民族、時代的瘋狂，則是規則。」

只要去過德國十月啤酒節者都了解。

凡殺不死我的，必使我更強大。

弗里德里希・尼采的廁所

① 「**上帝已死**」貼紙：他最有名的一句話。

② **理察・華格納（Richard Wagner）的照片**：華格納曾是他的朋友，後來變成死敵。

③ **小馬**：他抱著被鞭打的小馬哭，不久後，自己也完全精神崩潰。

④ **藥**：他是個藥罐子，常常偏頭痛（也可能是因為他患梅毒）。

⑤ **文憑**：他是哲學天才（能說流利的希臘文和拉丁文），而且二十四歲就成為教授。然而他的學術不被認同，因此尼采自認那段生活失敗。

⑥ **試管**：有段時間，尼采想讀化學而非哲學。他的名言「凡殺不死我的，必使我更強大」，可能可以說成「凡沒反應的，會燒得更久」。

⑦ **現代人物代表**：雷神。尼采被視為歷史的大破壞者，拿著大槌談哲學，不過和雷神相反的是，他長得既瘦小又毫無令人懼怕的外觀。

> **Too long, didn't read**
>
> 尼采是位留了大鬍子的德國哲學家，他相信人不該順著流傳下來的意義結構生活。接受這個想法並且創造自己的意義，既美好又可成為超人（Übermensch）[4]。

---

4. 尼采認為自己找到一種徹底戰勝虛無主義的方法，即「超人」。

第 81 堂課　沉沉浮浮的無意義先生

FRANKFURTER ALLGEMEINE ZEITUNG
法蘭克福匯報

Neuwerk, Mönchengladbach（新城，孟新格拉巴赫）2015 年 2 月 1 日

「超級英雄」攻擊教堂

今日在小鎮新城參加彌撒的人，目睹了一場惡作劇。一名身著咖啡色緊身塑膠皮衣、胸戴紅色十字架的「超級英雄」，闖入正在舉行彌撒的教堂，並且衝上講壇把神父硬推下去。根據目擊者表示，超級英雄對大家說：「我不相信一個想要永遠被祭拜的神」，然後又表示「現在到底是怎樣？到底人類是上帝的一個錯誤，還是上帝是人類的一個錯誤？」「我只相信一個懂得跳舞的上帝！」最後他邊說邊唱他個人版本的瑪卡蓮娜歌，還一邊跳舞，直到警察進來逮捕他。

根據目擊者表示，當他被羈押上警車後座時，他又大喊「上帝已死，而且是我們殺死祂的！」參加彌撒的梅蘭妮對這場意外表示：「如果有神被殺了，可能就是被那個跳舞的人！還有猶大。」

網路名人「無意義先生」再度出擊！

短短三天內，超過五百萬名觀眾！這就是無意義先生在世界小姐選美大會上，拍攝影片所締造的網路佳績。無意義先生和他的同黨集結於此，高舉抗議旗幟遊行。旗幟上有「我們要什麼？都不要！何時想要？一直想要！」還有「沒有恐怖的深度，就不會有美麗的表面！」

最後抗議者上台表演他們的代表動作（無配樂的瑪卡蓮娜舞蹈），直到保全人員前來制止。無意義先生被帶走時表示「沒聽到音樂的人，肯定認為跳舞的人瘋了」。

NEW JOKE TIMES

新笑話時報　　　　　　　　2015 年 8 月 4 日

「無意義先生」說話了！

　　網路奇葩以及反偶像的「無意義先生」首次公開聲明退出。「我無法繼續下去了」，他披著披風，身著騎士服，對他的支持者說：「雖然我對你們相信我的信念：『生命是無意義而且也無妨！』感到歡喜，然而我的成功讓我成為自己最痛恨的那種人。我只想讓你們知道偶像有多危險，結果我自己也因此成為一名偶像。下一步該怎麼走，我深思熟慮過，我無法自殺，因為這樣我會成為歷史上的烈士；我也無法繼續，因為我會違背自己的信念，也就是虛無，所以我退出，因為當作品開始說話時，就是作者閉嘴的時刻。」

DER SPIEGEL

宇宙版　　　　　　　　　　鏡報　　　　　　2072 年 4 月 21 日

無意義先生和死後在天堂的奪權

　　五十年前，網路上出現一名少見的蓄鬍者，名為「無意義先生」，還是個反英雄者。他的擁護者雖然增加緩慢，但隨著時間持續增加。他死後五十年，**64%** 住在銀河系上非教堂的成員，封他為最後的非聖徒。「後天起就屬於我。一些人會死後復活。」他如是說，而且也證明自己是對的。

Too long, didn't read

如果尼采時代有漫威漫畫，他可能會被受邀成為超級英雄，並名為「無意義先生」，他代表的是絕對的虛無以及反崇拜的教條。

第 82 堂課　這就是信仰？

根據一項最新研究指出，德國東部地區住了最多無信仰者，52.1%的居民形容自己是無神論者，但是如果這52.1%的人有所隱瞞，根本沒有無神論這玩意呢？

作家華萊士（David Forster Wallace）於二〇〇五年發表一場演說（後來成為知名演講），名為「這裡是水」。演講是這樣起頭的：兩條年輕的魚正游著，碰巧遇到一條正從對面游來的老魚。老魚點了頭說道：「早安，小伙子們，水如何？」兩條年輕的魚繼續游了一會兒，直到一條對另一條看了一眼，說：「水到底是什麼鬼東西？」

想要討論現實中最自然不過的事是如此之難，因為真相已經宛如偏見。越自然不過的東西，我們越會遺忘。華萊士認為，日常生活中有個根深蒂固的真相：我們無法不相信一些事。當然，這並不意味著每個人都信教，但每個人都相信有些東西是具有意義的。對於華萊士而言，那不是什麼問題，而只是個不爭的「事實」。

只有當我們不慎選，或沒意識到自己不由自主地做出選擇時，才會發生問題。一旦我們不注意，社會與周遭環境就會替我們決定。基於此因，做明智的決定並且不斷評估自己的選擇極為重要，因為不如此的話，「你乞求的一切會吃掉你活生生的軀體……如果你乞

求金錢和物質（假使你將它們視為生命的真諦），你永遠會覺得獲得的不夠多，也不會滿足……如果你追求軀體、美麗以及情慾的刺激，那麼你永遠會自認醜陋……如果你追求的只是權力，你永遠會感到虛弱和恐懼，而且會想要更多支配他人的權力，以便控制恐懼……如果你想發揮智力，並希望被認為是聰明者，最終你反被聰明誤，就好像自我吹噓者，隨時會被戳破……」

透過我們的信念，我們能辨識出什麼對自己是真正重要的，但如果這份信念無法讓人反省，那它也會是終結我們自己的信念。我們無須害怕大方崇拜某物，但要擔心自己會不會日漸深陷其中。不知自己崇拜的偶像究竟為何者，永遠只能選擇性地感受以及判斷這個世界，而最終就會像條魚，游在水中卻未察覺那是水。

 ┌─ Too long, didn't read ─

即使尼采說「上帝已死」是正確的，但也絕對不適用於信念上。教育的真正價值，在於不讓人陷入盲目崇拜的狀態。如果發生這種情況，至少可以透過教育，思考為何此刻的盲目信仰有其巧妙的理由。

第 83 堂課　最滑稽的信仰系統

在敬畏與崇拜這件事上，人類是十分具有創造力的。一次又一次地，我們證明了人類幾乎可以崇拜任何東西，甚至是選秀節目上的男子團體。這裡列舉幾個荒謬的崇拜對象：

1. 飛行麵條怪物教

這個虛構宗教的追隨者自稱「Pastafaris」。此教源自於一位物理系畢業生，他寄了一封抗議信給堪薩斯州的教育局，抱怨學校教授神創論（Creationism），他認為那完全沒有科學價值，所以堅持個人信仰的「飛行麵條怪物」能被認可和傳播。他在網路聲名大噪，直到今天還有忠實的擁護者。

2. 菲利普親王

即使是傳說中的傻瓜、政治不正確的化身，也一樣能被奉為神。這奇怪的崇拜可以追溯回南太平洋島國萬那杜的一個傳奇故事：一個地靈離開小島後，在世界的另一端娶了一位有權勢的女人。當英國女王伊麗莎白在菲利普親王陪伴下拜訪萬那杜時，這個運動的追隨者得出一個結論，他們認為和英國女王有關的那個男人，一定就是失蹤已久的地靈。

3. 沙梅第男爵（Baron Samedi）

如果有人喜歡神祇帶點搖滾味，那麼沙梅第男爵絕對是最佳人選。這位海地巫毒戴墨鏡、圓筒帽，穿燕尾服，歡迎死人就算了，還帶著他們到處活動，而且還會一邊猛烈咒罵、抽雪茄，一邊喝蘭姆酒。

4. 無首女神（Chinnamasta）

自我犧牲和性限制的印度教、佛教女神。這位少見的無頭女神身首異處，為什麼呢？有一派理論是這麼說的（不過必須多少先將邏輯擺一邊），因為她和她的追隨者們洗澡時間過長，最後導致極度飢餓和口渴，於是她割下自己的頭喝血。這不是在說笑！

5. 奇奇與蒂蒂（Chip and Dale）的克蒂絲

上個世紀九〇年代，俄羅斯的崇拜對象是兒童卡通裡虛構的老鼠。克蒂絲像是兒童界裡的馬蓋先（一個厲害的發明家和機械師），或者就像崇拜者所形容的：「集結世界上偉大眾神的無暇和完美的妹妹。」

6. 法國賽車手佛瑞宏（Claude Vorilhon），別名雷爾

他的信眾相信，佛瑞宏被外星人綁架到一個叫做「Elohim」的遙遠行星。在那裡，佛瑞宏遇到了其他的神，並且得知人類是在約兩萬五千年，從外星人的 DNA 產生的。對了，那些外星人之後還會回來，回到二〇二五年，停在耶路撒冷。

Too long, didn't read

只要花夠長的時間說服他人，人們就能如此輕易相信任何事。最好的方法，就是置之不理。

第 84 堂課　尼采的「超人」說

　　哲學裡有少數幾個概念是如此有名，卻同時也常常被誤解，尼采的「超人」即是其中之一，即使這個名詞聽起來不怎麼樣。它和法西斯主義無關，也不是用來形容金髮男子。相反地，它本質上是關於上帝之死，但指的又不是那個常被引用、住在天上的全能之神的死亡。

　　對尼采而言，上帝是一個綜合的概念，它適用於任何教條或主義——倡導要忽視現存的世界，以利於死後的世界。他認為天堂就是個例子，基督教教義許諾教徒一個死後世界，只要他們在生前嚴守教規生活。

　　尼采認為，這樣的概念會貶低我們在地球上生活的意義（那還是我們唯一確切擁有的），因為當一個人相信死後有個可和許多處女在一起的生活等著他時，那麼現世還有何魅力？何必要改善社會？何不乾脆提早結束生命，好早點和處女相聚呢？問題出在另一個面向：如果我們放棄了原有生命意義這自欺的理由，不就必須面對自我存在的虛無感？

沒錯。就是這點！

尼采不將「無意義」視為弱點，而是視其為一個重要因素。對他而言，不該為別人指定好的意義所役，因為那是遠離神的第一步，我們應該自己賦予意義（這正是邁向超人之路的第一步）。超人認為，自己的角色就是自我意義的「創造者」，而不是陷入虛無主義中，因為生命雖然毫無意義（這是事實），但找到自我意義正是生命本身的自白，人們也有機會可以擁有「命運之愛」（**Amor fati**）。

　　或者套句尼采所說：「我認為人類偉大之處就是命運之愛：人不要別的，不求往前、不想退後，也非永恆。人不僅要承擔必然會發生的事，還得面對它（所有理想主義在必要時都是謊言）、愛它。」

　　認為這有點難以消化的人，可能比較容易瞭解這句話：「你走你的陽關道，我過我的獨木橋。沒有所謂唯一的正確大道。」

　　親愛的超人，尋找你自己的路，不要成為道德的奴隸。

　　Too long, didn't read

　　誰若願意接受自己的存在無意義，並願意建立一個有自我意義的生命，就是轉變為超人的開始。如果覺得這太辛苦了，也沒關係，就臣服於有著麵條四肢的唯一真神──飛天麵條怪物好了。

第十一章
文字與語言

第 85 堂課　牛仔與印第安人的哲學對談

　　想像在一望無際的草原上，空氣裡瀰漫著熱氣，一個騎著忠馬在回家路上的牛仔，迎面遇見一位印第安人。他們彼此小心翼翼地騎在馬上，繞著圈，印第安人首先化解緊張局勢，**小心地舉起一隻手，慢慢指向牛仔**。牛仔甚感驚訝，但並未將內心恐懼外顯出來，於是牛仔提起右手，**做出勝利手勢**當做回應。

　　此舉讓印第安人感到疑惑，於是將手臂高舉超過頭，用**兩手做出三角形**以示回應。牛仔於是笑了，放鬆地坐在馬鞍上，將**兩手置於胸前，然後用張開的手掌，像蛇一樣來回晃動**。

　　在尷尬又沉默的片刻後，兩人擦肩而去，逐漸消失在地平線上。印第安人面帶錯愕的表情，牛仔則是一臉傲慢。

當天晚上，牛仔將白天的經歷告訴妻子。

「妳想想，我在回家的路上，遇見一個印第安混蛋，他威脅要就近對我開槍。」他重複了印第安人的手勢，並以食指指著他的妻子。

「我保持鎮定，然後對他表示如果他開一槍，我就會回敬他兩槍。」為此，他做了勝利的手勢。

「最後這膽小鬼讓步了，告訴我他寧願回自己的帳篷去。」他又模仿印第安人，做了三角形的樣子。

「不過妳知道，我是個好人，所以我告訴他，如果他回家，我這次就放過他空洞的威脅，然後我還用手搖晃了幾下給他看。」牛仔說著，順帶吐了口痰在地上。

印第安人回家後，也對妻子提了這件事。

「親愛的，妳無法相信我今天經歷的怪事。穿過草原時，我遇見一位牛仔，我用手指著他，問他是誰。可是他的反應很怪，他告訴我說，他是頭山羊！」兩人大笑起來。

「我懷疑他可能在大太陽下曝曬太久了，不過我就配合著，問他是否是高山羊。」他於是做個了三角形給妻子看。

「可是他似乎不拿我當回事，他回答說他不是山羊，是河羊！」然後還邊用手做出蛇移動的樣子。

「他真是個白痴！」印第安人說，並吐了口痰在地上。

這場印第安人和牛仔相遇的境遇，真是難以想像，他們還進行了一場深刻的哲學對談。即使人們使用了同一種語言，我們真的知道別人在說什麼嗎？有沒有可能大部分的哲學問題，皆起源於草原上這類的「對話」呢？研究這個問題的著名哲學家，就是路德維希·維根斯坦（**Ludwig Wittgenstein**）。

Too long, didn't read

儘管我們可以控制所說的話，卻不知道自己的用語對他人的意義。
另外，河羊是哲學上瀕臨絕種的動物。

第 86 堂課　路德維希・維根斯坦小檔案

Philosopher Data

國籍	奧地利
時期	西元 1889—1951 年
影響程度	■■■■■■■■■■
追隨者	很難說，因為幾乎所有二十世紀的哲學家多少都對他 有點意見，也可能只是不喜歡他。

👍 最好的點子

「我認為，語言的界限意味著個人世界的界限。我只知道為何自己需要詞語。」哲學的問題是，人們可以制定毫無意義，類似兔子雖是魷魚，心愛的日記只為一人˺這類的句子。然而，哲學的任務應該是區分何謂有意義和無意義的問題，例如「無色的綠色想法憤怒地睡覺嗎？」

人們如何應用語言，卻又不讓自己的詞語失真？這個問題與其他重要問題有密切的關係，即語言以何種方式塑造了我們的真實？說中文的人所看見的世界，不同於說德文的嗎？對於維根斯坦而言，這個答案非常明確：是的。

👎 最壞的主意

維根斯坦生於奧匈帝國第二富有的家族，當時他們光在維也納，就擁有十三棟房子。當他的父親過世時，維根斯坦覺得自己更適合過簡單的生活，所以把分到的遺產全數贈送給兄弟姐妹，在他眼中，這些人反正早已被金錢寵壞。

然而即使過了簡約的生活，他還是窮困潦倒，但他又驕傲地不願向家人或朋友尋求金錢援助。最後，他姐姐為了資助他，請維根斯坦幫忙蓋幢房子（十三棟仍然不夠，不是嗎？）並聘請他當建築師。

📖 名言

» 「從不做蠢事的人，也永遠不會有任何聰明之舉。」

啊哈！這或許解釋了紋身、戰爭和油炸巧克力棒吧。

» 「謎題並不存在。如果問題可以被提出，就必定可以被解答。」

這並不代表答案能被接受，或是記得回答的是哪個問題。

» 「當你在一間門是朝內開的房間時，只要不知道應該拉門而非推
門，這房間就宛如一間牢房。」

這麼說吧，連個門都可以把自己搞迷糊的人，最好就留在房間裡，
因為吃片麵包、過馬路或是理解歐洲央行的政策，可能都是過分
的要求。

從不做蠢事的人，

也永遠不會有任何聰明之舉。

---

1. 作者胡亂拼湊詞彙，表示句子可以毫無意義。

路德維希·維根斯坦的廁所

① **專利證書**：維根斯坦曾在曼徹斯特讀工程，專注於飛機引擎。他的發明還得過專利。

② **壁爐鉤子**：據說他和著名哲學家卡爾‧波普爾[2] 熱烈討論時，維根斯坦曾拿壁爐鉤子威脅過他。

③ **諾伯特‧戴維斯[3] 寫的偵探小說**：維根斯坦熱愛這位作家寫的書。

④ **彩虹**：他是同性戀，只是從未出櫃，因為在那個時代，同性戀是不被允許的。

⑤ **奧地利世紀末藝術作品**：他是奧地利人，而且出生於非常有錢的家族。

⑥ **留聲機**：音樂對他來說很重要，他可以用口哨吹奏整首交響樂。

⑦ **瓶中的蒼蠅**：維根斯坦創造了一句名言，他認為，哲學的任務是指示蒼蠅如何從瓶子中找到出路。

⑧ **流行文化代表**：芝麻街裡的數字伯爵（Graf Zahl）。維根斯坦和他一樣都在城堡長大。如數字伯爵寫的故事，大部分維根斯坦的文本都很平易近人。此外，兩人都有貴族般紈絝的神情。

> **Too long, didn't read**
>
> 維根斯坦堅信，哲學問題基本上是語言問題：「哲學是藉由語言媒介，挑起我們受蠱惑的悟性的一場戰鬥。」

---

2. 卡爾‧波普爾（**Karl Popper**），詳見本書第十二章。

3. 諾伯特‧戴維斯（**Norbert Davis**），**1909 – 1949** 年，美國小說家。

第87堂課　為何間接問句比直接問句好？

　　如果鄰居把一堆廢棄物堆在樓梯間，並且擋住了通道和逃生門，每個人都會惱火。如果語言是我們表達自我想法最重要的方式時，為什麼我們常在這路上堆砌含糊的譬喻、間接的描述、成語和典故等語言廢棄物呢？為什麼我們不直接表明自己的意思？下面是一些例子：

我們的話	這句話的意義
你明早願意到機場接我嗎？	我知道，你不想來機場接我，但我需要有人來接，而我們的關係對你也蠻重要的，不是嗎？
你要不要一起來喝一杯？	要不要和我上床？如果你願意，我們當然可以先喝點東西。
我們同意彼此堅持己見。	你錯了，只是我累了。
如果你能把垃圾拿出去，就太棒了！	拜託馬上把垃圾拿出去！然後不要擺臭臉。

為什麼我們需要間接的語言？有幾個很好的理由：

1. 可信的可爭議性

如果不知道彼此是否在討論同一事件，可以用間接語言免除尷尬。如果用直接陳述方式，就沒有爭論可信度的空間；間接陳述則有，如果你因為超速駕駛而被攔下，直接詢問警察是否接受行賄，如果他不貪污，你就可能會碰釘子；如果給駕照時順帶夾張五十歐元的鈔票，這雖然有賄賂之意，但卻為彼此留了條活路。「哦！對不起，我不知道這五十歐元怎麼和駕照擺在一起了。行賄？！我不知道你是什麼意思……」

2. 關係談判

語言不僅用於意義表達，也為不同的關係進行協商。這些類型可以是：

－**優勢：**「不要惹我」

「你應該趁天氣好時，快用還健在的雙腳去走走！」

－**群體的歸屬感：**「有福同享」

「外頭天氣晴朗！我們一起去做點事，散散步！」

－**互惠：**「老諺語：禮尚往來」

「外面天氣那麼棒，趁我留在這洗碗，你可以出去走走，買點點心。」

Too long, didn't read

間接語言是「不提問題，最快得到共識的方式」，而且可以用間接語言確保、表明某種藏在文字背後的一定關係。人們不直接問時，可以較快達到想要的目標。總之，只要沒有較好的方式，模棱兩可絕對是一個選擇。

第88堂課　如何知道我們在說同一件事？

很顯然地，格陵蘭的因紐特人（Inuit）比生活在非洲沙漠的貝都因人，有更多形容雪的字。除了語言的精妙之處，以及顯現雪或沙塵暴的多樣性以外，這是否意味著，因紐特人有無數形容雪的字、夏威夷有一〇八種形容番薯的字、委內瑞拉的巴尼瓦部落有二十九種字形容螞蟻，都是因為其中有所差異？當你的經驗和品味不一樣時，你會有更多的詞彙來形容它們嗎？

幸運的是，世界各土著部落已參與研究了此議題，其中有個特別有趣的部落：辛巴（Himba），由兩萬個游牧民族組成，主要位於納米比亞北部。辛巴人是個簡約的民族，只使用四個不同的字來形容顏色：zuzu（深藍色、紅色、綠色系和紫色）、vapa（白色和黃色）、buru（綠色和藍色色調）和 dambu（綠色、紅色和棕色色調）。

研究人員對辛巴人做了一個實驗，以了解他們是否需要花更長的時間，去區分那些使用同一顏色名詞的兩種顏色（比如深藍色和紫色），當然也是為了要確定他們是否能更快分辨綠色調的不同（如 buru 和 dambu），因為歐洲人通常只用一個字取代這些詞彙。事實證明，答案是肯定的。如果你只有較少的顏色詞彙可用，也比較難分辨細微的色差。

這對辛巴和其他部落的研究，因而有了以下的推論：人們使用不同語言，以及不同數量的詞彙量，對世界真的有不同的「感知」。

　　只是這差距究竟多大？而且，這也不是說我們必須先有個相對的詞彙，才會看到某種顏色，否則我們一個字也學不會。這比較像是當你買了車，進而啟動了「都是我的車的效應」，你會突然覺得，整個城市都在開同一款車！大概每個人都有類似的經歷吧？無論是鞋子、歌曲或是車子，一旦你知道某東西存在著，你就會到處看到它。然而在現實中，其實它一直存在著（除非是真人秀裡的離奇版），只不過一直和你無關，直到你擁有了它並學了那個詞，它才有了意義。

　　對字彙的認知，可以協助我們過濾大量不停衝擊大腦、要求關注的感官印象。我們的詞彙、語言、文化、愛好和興趣會影響感知，因為它們會突顯某些刺激，讓它們較容易受到注意，同時隱藏其他事物。

> **Too long, didn't read**
>
> 如果有一件事很重要，那就是該盡可能地學更多的詞彙，以描述其中的細微差別。我們對現實的感知會隨著語言產生變化。基於此因，我記下了六百一十二個詞彙，好讓我可以痛斥那些討厭鬼！

第 89 堂課　化解尷尬時刻的詞彙

思考慢郎中　　深思多慮型

徒有其表

如果我們在語言上的限制，就是我們在世界上的限制，那可以將這堂課視為額外的資訊來看。在這裡頭，你會看見一些生活裡出現小尷尬卻一時找不到的詞彙。一旦你學會了這些新詞，就可以注意它是否會出現得更頻繁。

1. **低注意力**：因為得清楚回答某個具體問題，可是因為完全沒在注意，而且所有「嗯」「對」「完全同意」等詞都無效，但又必需假裝專注傾聽時。又有人稱為「哦！看哪！有隻松鼠！」

2. **陌生輿論羞愧**：當有人發表完全瘋狂的看法，一般資產階級的慣例是避免爆笑出來或是揍別人的臉一拳。此時只能相反地將嘴巴緊閉和點頭。「喬大爺認為我們不應該喝自來水，因為政府使用化學處理水質，好讓老百姓變白痴。」

3. **徒有其表**：一個人因為外表，看似比實際聰明。「他滿嘴胡說八道，可是留了很長的鬍子，讓人聯想到馬克思，所以他腦袋裡肯定有些什麼」。

4. **會話孤獨感**：聚會時，想融入某個團體，然而裡頭成員卻毫無回應地繼續他們自己的談話，也未做出歡迎加入的姿態。感覺像是**GEMA**[4] 稽查人員到夜店稽查是否已繳納音樂版權費。

5. **論述混亂**：當某人努力描述答案，卻完全忘記原有問題是什麼時。由於突然不知所措，只好繼續不停說下去，最後還常常會說到「哦！你看，還有一隻松鼠！」

6. **目光如豆者**：那種很會吹噓，即使其中關係差了十萬八千里，還是每次都把談話主題拉到自己領域的人。「你剛剛點的酪梨沙拉，完全讓我想到二○○六年珍珠果醬出的首張專輯。雖然那張專輯很不公平地被慘遭惡評，卻還是爬到了排行榜的第二名。喔，那張專輯封面就印了顆酪梨。」

7. **政客**：有著看似令人印象深刻的能力者，而且回答問題時，能讓聽眾比之前更迷糊，卻又要求很高的稅收。

Too long, didn't read

沒讀過這章者，已經錯過了一些偉大的新詞，其中之一就是具有諷刺意味的「低注意力」。真為你感到羞恥！

---

4. **GEMA** 為德國音樂著作權管理組織。

第 90 堂課　詮釋學循環

無論有意無意，我們總不停地在詮釋所處的世界，例如有個人幫我們開門，是因為他想表示友好，或是因為他想引誘我們進入大廳，然後搶劫？詮釋學（Hermeneutics）源自古希臘文，意為解釋，而「詮釋學循環」（Hermeneutical circle）表達的則是，當我們試圖瞭解文本意義，閱讀文本時產生的過程。

根據詮釋學循環，我們需要理解文本的每一個部分，以便了解整篇文章，但是為瞭解各部分，我們也需將文本視為整體來理解。它是一個循環（可以說是惡性循環的小兄弟），若想將整本書視為完整個體，則必須先從單一句子著手。我們不僅會開始對其風格、形式和語言形成意見，甚至還得思考書籍的目標讀者。

在了解每一個句子的同時，我們也會受到整體詮釋的影響，例如一本書描繪十九世紀的英國，讀者在閱讀過程中增加了知識，以致對於當時的情境有更好的洞察，因而有更多的知識可以分析書中其餘的描述。

俗話說，一旦手持錘子，一切看起來都像釘子；相反地，透過詮釋各個階段，「詮釋學循環」意味著擁有更多理解的工具。

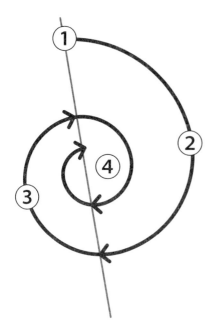

① 首次理解
② 逐項研究
③ 深度瞭解
④ 充分研究

　　理解並不是一個有明確定義的過程，比較像是每個句子對人激發出的各種假設。作為讀者，我們在此過程應該是一個主動、有規劃性的角色，也就是說，沒有任何詮釋是和詮釋者本身無關的，而且也沒有霎時茅塞頓開的激動人心時刻，相反地，人是朝一圈理解，然後一圈詮釋逐步移動的。

> ┌─── Too long, didn't read ───
> 閱讀時，我們在「詮釋循環」裡詮釋所讀到的文本，如果我們能正確地解釋，就能獲得更好的理解。一旦理解錯了，就會走到死胡同，而那常讓我們曲解成深奧難解。

第 91 堂課　從流行歌曲的角度釋經

　　雖然釋經（Exegesis）常被用來作為詮釋學的代名詞，但實際上，它是用來形容一種低調行為的冠冕堂皇說法，即闡釋神學文本。我們幾乎可以在每次彌撒中發現此現象，而且大部分都是由神父讀一段經文開始，例如所羅門箴言：「智者傳播知識，愚妄人無能為力」，之後，神父會用他的老朋友，也就是釋經，對我們闡釋這箴言的真正含義：手機降低了我們的注意力，使我們對神分了心；社群網絡浪費我們的時間；在網路上認識伴侶者，破壞了神聖的婚姻殿堂。

　　由此看出，釋經對每位（廁所）哲學家可說是個非常有價值的工具，還能藉虛構的意義，來支持我們的論點和意見。經文的釋經擁有悠久的傳統，所以有點老掉牙，讓我們用現代一點的宗教文，一首在現代廟宇（也就是夜店）裡會唱的讚美詩來當例子好了，不過這還真是個恥辱，儘管有像 **H. P. Baxxter**[5] 這樣的 **160-BPM**[6] 大祭司，那讓人搞得滿身是汗的電音文本還是常被人認為平庸或輕浮。

　　現在讓我們沉浸在他深刻的教誨裡，並且從他最新作品中得出自己的結論：

How much is the fish?
Here we go, here we go
Here we go again
Yeeeeeeah!
Sunshine in the air!
How much is the fish?
How much is the fish?
Yeah!
Come on, come on
Argh!
Resurrection!

—Scooter 19:98

　　說真的，你們真以為他只是剛好談論到魚嗎？有沒有可能是他故意將「魚」做為一小群篤信宗教者的象徵呢？畢竟，這正是早期基督徒互相辨識身分的象徵，而且這也反過來讓我們看到，「**How much**」可以有好幾個意思。首先冒出的疑問是，虔誠是否有個定價？不過，我傾向於認為這是種篤信宗教的見解，也就是說，你必須先願意付出，才能有所獲得。緊接著，這種智慧會是「**Yeeeeeeah!**」所以我問你們，有什麼比一個充滿生命喜悅的感嘆聲 「**Yeeeeeah!**」更美的嗎？我想沒有。

結尾時，**Baxxter** 超出我們的期望，他用「**Sunshine in the air**」做出完美的結束！眾所皆知，陽光是由無質量的光子傳輸的，因此不可能存在於空氣中，所以它再次顯示出具有深厚的意義，而且這真的是一個真誠的承諾，一個只要我們完全放鬆，宛如漂浮於空中般，倘佯在我們因為奉獻而獲得的溫暖陽光裡！一切如此自然！

此週的解釋到此結束，再次感謝我們教會的力量以及洞察力，無須多說，我可以保證下次我們會再進一步闡釋蕾哈娜（**Rihanna**）**20:11** 這首歌，「**na na na**，來吧！來吧！我喜歡！喜歡」，這裡面蘊含深刻的美和神聖的熱情！

Too long, didn't read

釋經被認為是闡釋（神學）文本的藝術，但它常意味著從文本裡找出過多的含義，直到產生誤解、傷害了人、讓人感到空虛，並且需要治療。

---

5. **H.P. Baxxter**，德國歌手，也是樂團 **Scooter** 的主唱。

6. **BPM**（**beats per minute**），音樂單位量，指每分鐘拍子數。

第 92 堂課　哲學賓果

規則

① 每個能在日常交談中使用的詞彙，得一分。

② 你必須在一周內達到十二分，才算通過這個測試。

③ 如果你被問到字的意思或被抓到用錯字，就會被扣一分。

④ 若成功運用某個類別或某個層級上的詞，可以另外加分。

⑥ 第五級的詞彙特別困難，如果你能設法成功地使用它們，很讚！

　　現在請翻頁，並開始賓果！

哲學賓果
BINGO

級數	康德	希臘哲學	主義	奇怪字眼	基本概念
1	先驗	形而上學	一元論	美德	天賦觀念
2	超驗	三段論證	二元論	現象學	辯證論訴
3	二律背反	幸福	決定論	不可共量	諷刺方法
4	本體	目的因	不可知論	套套邏輯	奧卡剃刀
5	後驗	悖論	素樸實在論	詮釋學	語言學的轉向

第十二章
科學與典範

第 93 堂課
猴子可以寫出莎士比亞全集嗎？

因為哲學能提供的多是疑問，而非解答，所以讓我們在最後一章看看科學與數學，當做是小甜點。為什麼呢？嗯，因為相對於哲學，數學應該是可以提供答案的，不是嗎？

想必大家對於生命的意義有不同看法，但是對於 1 + 1 = 2 卻可能意見一致。希望我們找到了問題的解答，如果不成，至少有些猴子什麼的，而且是數不清的猴子，然後我們就會遭第一記悶棍，那就是：假使你有無數隻猴子，而每隻猴子都有一台電腦，牠們就在那到處按鍵盤，然後就能寫出莎士比亞全集嗎？

持反對立場的論點：猴子必須打 835,997 字，每個字又包括好幾個字母，要把順序排列按正確就算了，還可能會犯錯。

持認同立場的論點：無限的概念
你認為呢？請現在決定。

答案是肯定的。理由？無限。在無數隻猴子做的無止境的塗鴉裡，一定可以在某處發現莎士比亞的全部作品。我們永遠不會找到它，因為它會讓我們花超多（Squillion）年（「超多」不是一個真正的單位，所以別對數學家用這術語，他們會笑你），而且猴子會消耗

大量的紙，但那是辦得到的。只是，如果答案是如此明顯，為什麼數學家對這記悶棍要如此激動呢？這有兩個原因：

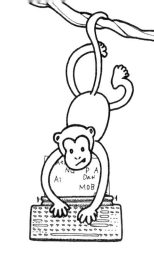

1. 對於數學家而言，無限是一個誘人的概念。試想一下，可以不受限於幾萬個加減乘除的式子，可以無止境地做任何事情！

2. 再來，或許更重要的原因是，無限可能意味著所有攸關人類的問題，它們的答案不遠了！它們不只能寫莎士比亞，還可以完成所有其他文化要作，如愛因斯坦、康德、披頭四和海倫·菲舍爾[1]，所有未來的科學著作也是如此，它們可以回答每個數學題！由於此因，數學家也極其熱愛這無限的概念，所有的數學理論都可以證明正確或錯誤，對吧？

　　無限多的猴子可以解決任何數學問題碼？再繼續讀下去之前，現在就先決定！

> **Too long, didn't read**
>
> 無限多的猴子可以複製莎士比亞的作品，但是猴子也能解決所有的數學問題嗎？再說，要如何鼓勵猴子無止境地敲鍵盤呢？

---

1. 海倫·菲舍爾（**Helene Fischer**），德國女歌手。

哥德爾不完備定理的全部真相

十九世紀時，數學上制定了一些很奇怪但很有用的概念，例如非歐幾里得幾何（關於平行線有交叉的可能，即後來愛因斯坦理論中的重要基石）。突然間，似乎數學不僅只有一種，而是有很多種奇怪的數學。基於這個原因，德國數學家戈特洛布‧弗雷格（**Gottlob Frege**）著手開發一個所有數學中無可辯駁的堅實基礎：一個純靠邏輯建構的「算術的基本規律」，並將其視為一生的使命。

正當他準備巨著的第二版時，他收到了英國人伯特蘭‧羅素的來信，信裡指出：有個小問題不符合基本規律。今天，我們將這個問題稱為「理髮師悖論」：理髮師幫所有不刮自己鬍子的人刮鬍子，那問題來了，理髮師刮自己的鬍子嗎？他的數學公式證明是如此具有破壞性，使得弗雷格一生的巨作完全付諸流水。

當數學家意識到邏輯不可能是數學的基礎時，他們真的十分憂慮，這就是為什麼今天會稱這個階段為「數學的基礎性危機」。一位名為大衛‧希爾伯特[2]的人提出所謂的「希爾伯特計劃」作為可能的解決方法，他的想法是，如果數學（如羅素證明）沒有邏輯基礎時，至少可以證明「公理」（**Axiome**）是一致及完備的。人們可以將公理想成是數學的規則，一致性是指規則不矛盾（永遠是好事），而完備性則必須是不忘記公理，也就是說，不忘記任何規則。

若可以證明一個系統是完整且一致的，則代表在系統內的所有問題是絕對可以被回答的。這與哲學和藝術形成鮮明的對比，數學還是能自稱所有問題都有解答，而答案甚至可以是無限多隻猴子（或

至少是電腦）。

　　奧地利邏輯學家庫爾特‧哥德爾（**Kurt Gödel**）發表了他的「不完備定理」時，希爾伯特仍致力於自己的研究。他們發現，數學裡總有既不能證明，也不能反證的問題，沒有任何數學相關的系統既是一致又是完備的，更糟糕的是，系統甚至無法證明自己的一致性。無以計數的猴子或電腦，確實可以重現莎士比亞的全集，可惜卻永遠解決不了任何數學謎題。

　　因此，無法反駁的真理是不存在的，在數學與其他有規則可循的系統上都不存在。大多數的數學家對此都感到慚愧，甚至不喜歡談論這個議題，有點像某個人談起不愉快真相時會語塞，然後迅速帶過，彷彿什麼事都沒有發生一樣。

Too long, didn't read

從哲學角度來看，詩和數學之間沒有太大的區別。此外，無以數計的猴子也是中看不中用的。

---

2. 大衛‧希爾伯特（**David Hilbert**），**1862—1943** 年，十九世紀末最具影響力的德國數學家。

第 94 堂課　自大的轉變模式

作為一個人，你必須定期以科學新知以及當下的時代背景，檢視自己的狂妄自大，進而轉變。以下是人類在一些特定時期，必須放棄某些觀點的簡要概述：

我們以前的信仰	我們現有的知識	罪魁禍首
地球是宇宙的中心。	太陽是太陽系的中心，地球自轉。	哥白尼
神照著自己的形象造人。	人類和猿類有共同的祖先。	達爾文
我們能控制自我的思想。	童年把大家都搞壞了。	佛洛伊德
我們是自我發明的主人。	我們的創作因我們個人造就而成。	弗里德里希·基特勒（Friedrich Kittler）馬素·麥克魯漢（Marshall McLuhan）
我們是友好和富有同情心的生物。	在「正確」的權力結構下（即白領階級），我們幾乎什麼都做。	斯坦利·米爾格拉姆（Stanley Milgram）

人們永遠不會將機器列入考慮。	會下棋的電腦讓人感到緊張。	**IBM** 的深藍
你要摸到對方,才能與他有美好的性愛。	虛擬體驗比真實的更好。	高解析度的虛擬實境*
人的意識是神奇而獨特。	意識可以輕易被電腦重現。	奇異點*
人類是銀河系中最聰明的生物。	人類是銀河系裡的鴨嘴獸。	第一次接觸*
我們永遠不能比光速更快、時間旅行是不可能的。	你未來的自己將回到現在,並且為你不健康的生活方式打你屁股。	超光速時間旅行*

* 即將轉變,敬請期待!

Too long, didn't read

你是偉大的。至少,你在我開始說這句話之前是偉大的,但是當我知道更多關於你的事時,發現你其實很無聊。

第 95 堂課　卡爾‧波普爾小檔案

> **Philosopher Data**
>
> | | |
> |---|---|
> | 國籍 | 奧地利 |
> | 時期 | 西元 1902—1994 年 |
> | 影響程度 | ■■■■■■□□□□ |
> | 追隨者 | 保羅‧費耶阿本德（Paul Feyerabend）、弗里德里希‧海耶克（Friedrich Hayek）、喬治‧索羅斯（George Soros）。 |

👍 最好的點子

證偽原則。波普爾想證明，大部分的科學不是在證明關於這個世界的假設，而是在「證偽」，也就是提出反證。科學使用歸納法，即：觀測 > 模式 > 假設 > 嘗試，也藉歸納法獲得了常態，但是卻永遠不能證明，只能反證。無論觀察到多少隻白天鵝，都永遠無法確定所有天鵝皆為白色，以及是否會有一隻黑天鵝的存在。所以一旦看見一隻黑天鵝時，就能證明「天鵝法則」是錯誤的。科學無法也永遠不能提供我們真理，只能提供假設。如此的結果是，所有稱之為科學的都可以證明是不正確的，而不能被證偽的，只有可能是神話、教義或是宗教。

💬 軼事

波普爾年輕時是馬克思主義信仰者，也是奧地利的共產黨員。一九一九年，他的八個朋友在一場共產黨組織的騷動中遭警方殺害，波普對領導抱怨那次行動的後果，領導於是告訴他，在革命的過程中，死亡是不可避免的。波普不同意，於是拋棄馬克思主義，終其一生支持政治寬容以及自由主義。

🖊 名言

» 「每當有人應許天堂即將來臨時，即是地獄。」
  對於其他那些許諾帶來人間地獄者，通常都會說到做到。

» 「一個號稱可以解釋一切的理論，是無法解釋任何事的。」
  一個無法解釋任何事，連占星家都有所保留的理論。

» 「在一個無理性者身上使用理性的論述，是無法發揮理性效果的。」
  雖然不能完全訴諸純肢體暴力的論述方式，但⋯⋯

卡爾・波普爾的廁所

① **馬克思飛鏢靶**：波普爾譴責馬克思主義。

② **壁爐鉤**：被維根斯坦用來威脅過。

③ **鼠洞**：他是一個「開放社會」的偉大倡導者。

④ **書**：他和他父親一樣，坐擁一萬兩千至一萬四千本的書籍，熱愛藏書。

⑤ **櫃子**：曾受木匠的職技訓練。

⑥ **博士證書**：波普爾擁有心理學博士學位。

⑦ **紐西蘭國旗**：二戰期間，他在紐西蘭教書，並在那裡生活長達九年，撰寫《開放社會及其敵人》一書。

⑧ **現代流行文化代表人物**：藍色小精靈爸爸。兩人都屬於德高望重的領導者，富有智慧、愛好和平，一直到年長時都還很積極且思維活躍。波普爾在九十二歲辭世前不久還在寫作（藍色小精靈則是活到五百四十二歲，假使有人想知道的話）。兩人都住在一個豪華、綠意盎然而且有點無聊的烏托邦環境裡。藍色小精靈爸爸住在藍色小精靈土地上，而波普爾則在紐西蘭。

> **Too long, didn't read**
>
> 奧地利哲學家卡爾·波普爾很有名，因為他證明了科學必須是「可證偽」的，他也堅持閱讀所有註腳的必要性*。

* 非常好！你反應很快，年輕的徒弟。

第 96 堂課　風水輪流轉的科學理論

　　許多人以為科學家一起工作時就像學生樂團，每個人將自己的科學發現，倒一點至調酒大碗裡，最後再一起借助強烈氣味，贏得所有女孩的芳名。然而，物理學家湯瑪斯・孔恩（**Thomas S. Kuhn**）則表示，科學家們其實更像是一群競爭的小毛頭，只要一發現新東西，就想把當今有效的典範從酒吧凳子上推走，好獨占迷人的同學。想想牛頓的重力定律和愛因斯坦的理論吧，從遠處來看，牛頓的定律好像早已存在，愛因斯坦只是「改善」牛頓的想法而已。

　　但是，孔恩認為這兩種理論完全無法相提並論，因為對於牛頓而言，空間和時間是絕對的，而且不可改變；愛因斯坦卻持完全不同的看法，他認為空間是可以彎曲的，時間的移動速度則不盡相同，且會因質量和速度而有所差異。

　　從一門學派（牛頓學派）到另一門（廣義相對論），知識大碗的強度不是增強了，而是連碗都換了。孔恩甚至舉例，說明他認為糟糕的理論可在一段時間內占上風，因為或許還有「美感上的吸引力」。馬克斯・普朗克（**Max Planck**），二十世紀最重要的物理學家之一，曾寫道：「一個新的科學真理通常可持續的原因，並不是因為他們的對手相信和同意其理論，而是因為對手逐漸消亡……」，孔恩將其稱為「典範轉移」（**Paradigm Shift**）。

科學就像維基百科裡關於「疫苗接種」的討論頁，不斷有新的條目，有很多廢話，卻沒有一個讓大家都滿意的答案。

保羅・費耶阿本德[3]（卡爾・波普爾的學生，同時也是孔恩的朋友），將這個想法做了更進一步的推展，他聲稱，科學方法如同作詩般「怎麼都行」，因此，每種方法都只是暫時的結構，是為了符合當時群體對於何謂「科學」所作的定義的需求，而非符合所謂「標準」的需求，最有名的例子就是伽利略，他提供了正常的科學論述，並且推定地球圍繞太陽運轉，但後來差點被吊死。

對此，費耶阿本德認為，理論不如波普爾認為的會通過實驗「證偽」，因為許多證明方法已過時了。持過時的觀點又不收回的人，會留下可笑的印象，而且不會再受邀參加聚會，最終也會放棄而便宜了當代的「時代精神」。就像歷史是由勝利者編撰的，科學也一樣，並不是最聰明、最嚴謹的單身漢追到了女孩，而是擁有最大影響力的（還有喝最多烈酒者）、能捍衛自己的立場的人才是贏家。「他們先忽略你，然後嘲笑你，之後他們對抗你，最後你就贏了」，如同甘地說的那樣。

Too long, didn't read

觀察科學時，我們往往忽略了社會層面。如同歷史顯示，科學裡的一切都是被允許的，但是科學家之間則互不允許。

---

3. 保羅・費耶阿本德（**Paul Feyerabend**），**1924—1994** 年，奧地利科學哲學家。

第 97 堂課　「ABC 猜想」的證明

　　每個人都知道的著名和平主義者口號：「想像戰爭開打了，卻沒有人上戰場」，戰爭的荒誕以及悲哀，在於人們無法只是去「看看」，因為戰爭會主導一切，所有參與者皆會無法逃脫其掌控。通常，新的科學發現也會造成如此深遠的影響，只是沒那麼殘酷而已。科學家一有突破性的見解時，就會儘快昭告世人，以便得到所有認可以及研究經費。

　　一旦有人提出了一個發現，能不能被接受就僅僅變成「行銷」問題了嗎？不過這不適用於「ABC 猜想」。故事是這樣的：日本京都大學的望月新一是數學界中備受敬重的教授，二〇一二年時，他發表了一篇長達五百頁的論文，宣稱解決了許多數學中最基本的問題。「ABC 猜想」的證明可能會觸發數學界的大地震，因為過去許多數學家久久無法驗證的理論，都可以自動迎刃而解。對於許多數學家而言，他們對這證明的渴望，就好比一位八歲小孩期待一輩子都有無限供應的汽水和蛋糕一樣。

　　到目前為止都還好，不幸的是，望月用來證明「ABC 猜想」的數學又新又複雜，沒有人懂，如果看到「塔赫梅拿理論」（Teichmüller Theory）這種名稱，誰還能充滿溫情地面對呢？我們不是在談論一般通俗報紙，不過「ABC 猜想」被冷處理長達好幾年，甚至還逼得平常內斂的日本研究家做了下列的聲明：「沒有人出來說明我的證明是正確或錯誤時，確實讓人有點小小的失望。」

現在問題來了，如果沒有人能理解時，這還能算是開創性的創見嗎？真相如其他事物般，也取決於社會結構，一個科學理論必須能被他人判斷並且通過評估，在科學上，我們稱這個過程為「同行評審過程」（**Peer review process**），但在望月的情況裡，沒有其他專業人士擁有足夠的智力、時間、熱情去審查其工作，也無法宣布該假設是否符合科學。

因此我們也面臨了下一個問題，年復一年，我們的電腦變得更快更聰明，而且假設在不久的將來，人工智慧會不斷產出各式新假說，只是如果我們太笨，無法在新發現上取得共識，甚至不知在何種情況下才是正確的時候，怎麼辦？此事一點也不牽強，真實狀況真的發生過！我們拿四色定理（**Four color theorem**）來舉例好了，這是一個一九七六年用來證明電腦計算能力的大理論，人類需要數以百萬計的時間，才能計算證明結果，所以迄今為止，許多數學家仍不大願意承認四色定理已被認可。

Too long, didn't read

科學真理如同示威抗議，只有當人們一起呼應上街時，才算成功。

第 98 堂課
阿基里斯與烏龜賽跑,誰會贏?

許多希臘思想家著迷於謎題和悖論,其中最著名的代表是埃利亞的芝諾(**Zenon von Elea**),他還讓同時代研究悖論的哲學家陷入困惑。

他最著名的悖論是「阿基里斯與烏龜」,原理是這樣的:阿基里斯和烏龜準備賽跑,由於阿基里斯的速度比烏龜快,所以他讓烏龜先跑。比賽開始後,阿基里斯如預期般迅速到達烏龜在起跑時的出發點,然而在這同一時間,烏龜也已經再往前一點點,雖然阿基里斯每次都將差距縮短,但每次烏龜總能走更遠一點。

根據芝諾的看法,這無限的重複,使阿基里斯永遠無法超越這緩慢的爬行動物。

烏龜真的能始終保持一個小小的領先距離嗎?阿基里斯會不會在某個時間點超越烏龜呢?如果是這樣,為什麼呢?想想看,下堂課揭曉答案。

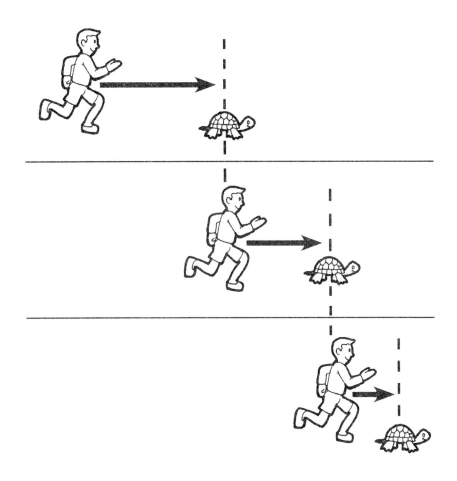

Too long, didn't read

在芝諾提出的阿基里斯和烏龜比賽的悖論裡，阿基里斯每一步都越接近烏龜，但烏龜也更進了一步。他能追上烏龜嗎？還是說，烏龜和阿姆斯壯[4]都看同一個醫生？

4. 藍斯・阿姆斯壯（Lance Armstrong），1971— ，環法自行車賽著名選手，曾爆發禁藥風波。

第 99 堂課　解決芝諾悖論的方法

　　當我們還是小孩時，都喜歡在操場上追著跑得比較慢的孩子，直到追上他，所以我們會直覺地認為，阿基里斯肯定追得上慢烏龜。但是，芝諾錯在哪呢？可能會讓許多人驚訝，因為數學家居然花了兩千年，才發現完整的解決方法（這可比長壽的海龜壽命還多很多）。

無限集合終究會有一個有限的結果＝錯！

　　一旦阿基里斯跑得比烏龜快，烏龜的領先地位則終會結束，只要一方比另一方更快，終究可以趕上，問題只是何時會發生而已。弔詭的是，這是被無限分割的有限領先。當領先距離被分割得愈來愈小時，領先的距離不會增加。我們可以一次次的切割蛋糕，但不會因此得到更多的蛋糕，相反地，每一塊會愈來愈小。

　　下方所示的正方形，就是一個很好的例子，並且可以顯示出烏龜領先的狀況。隨著阿基里斯的每一個步伐，烏龜領先的距離就會減半：$1/2+1/4+1/8$……人們可以在有限區域裡進一步無限劃分，但隨著每次的減半，原來的正方形是不會變大的。當無窮級數匯集成一點時，烏龜也失去了領先地位：$1/2+1/4+1/8$ ……＝1 此時，阿基里斯會超越烏龜，並且吶喊著：「等會兒在終點見啦，爬行動物！」

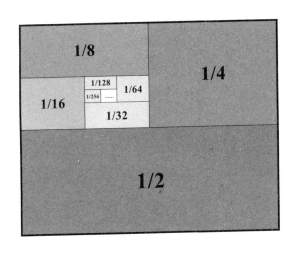

　　還有許多讓人頭疼的例子可以顯示無窮盡是如何的複雜，有興趣的人，我們推薦希爾伯特旅館悖論或康托爾[5]的「連續統假設」（Continuum Hypothesis），這讓我們知道要如何操作銀行帳戶，使某些無窮盡比其他的還大！人們可以花無止境的時間去抵達無窮盡的始點，不過那都只是角度的問題而已。

　　Too long, didn't read

不要低估無限！此外，這也可能是為什麼烏龜不再參加比賽的原因。

---

5. 格奧爾格‧康托爾（Georg Cantor），1845—1918 年，德國數學家。

第 100 堂課　你應該（不）知道的知識

　　有些問題可以沒有解答，可是有些問題卻無法接受沒有答案，這難道不奇怪嗎？你可以說人們比較可以接受在數學上有所失敗，但卻不能接受不熟悉歌德，就像為何隕石墜落會形成隕石坑是必須知道的。

　　下面這張概圖顯示哪些是你需要知道、不需要知道，以及它們之間的灰色地帶。

┌─ Too long, didn't read ─────────────────────┐
必須選擇自己不熟悉的「主題」時，你就應該選擇皇家婚禮風；
如果你知道下期樂透彩券號碼，那就應該先保留給自己。
└──┘

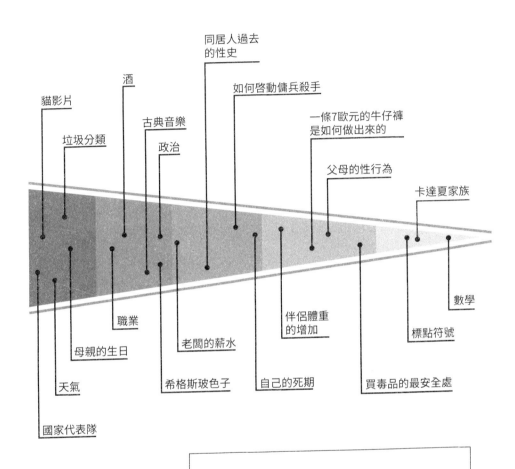

同居人過去
的性史

酒

貓影片

如何啓動傭兵殺手

垃圾分類

古典音樂

一條7歐元的牛仔褲
是如何做出來的

政治

父母的性行為

卡達夏家族

職業

伴侶體重
的增加

母親的生日

老闆的薪水

標點符號

數學

天氣

希格斯玻色子

自己的死期

買壽品的最安全處

國家代表隊

必須知道的主題

必須假裝知道的主題

不確定是否一定想知道的主題

應該假裝不知道的主題

不需知道的主題

結業考試

親愛的同學們：

　　你們已經完成全部一百堂課了，在此恭賀你們的耐力！在這過程中，我們一起歡笑、一起學習，我們受到哲學的啟發，同時也感到沮喪過，而現在，偉大的結業測試即將到來。在這知識的慢舞當中，你會像薛丁格的貓失敗或是像巴夫洛夫的狗證明你的權威呢？我們會找到答案的！

　　每答對一題，你會得一分，在這全部三十題中，你必須至少答對一半，才可以獲得「廁所哲學家」的正式頭銜。只要你辦得到，本書最後的證書就是你的！填入個人資料，裱個框，就可以把它掛在廁所裡，然後每次如廁時，就可以驚嘆並為自己感到驕傲。如果沒通過考試，你就得為自己的懈怠感到丟臉，但是你隨時可以重新開始，將受傷的自尊化為激勵，從第一章再重新開始！

　　祝你好運！

1. 下列何種陳述屬於悖論？

   □「我只說真相。」騙子說

   □ 當你需要一把刀時，只有一根勺子

   □ 一個震耳欲聾的沉默

   □ 明天可能下雨，也可能不下雨

2. 為什麼我們需要「奧坎剃刀」？

   □ 護理：刮鬍子用的

   □ 精確：不留任何疑惑

   □ 簡單：有較少假設的理論較優

   □ 美學：去除理論的醜陋部分

3. 下列何者是根據康德「先驗」判斷的例子？

   □ 只有康德理解的知識，例如：幾乎所有知識

   □ 基於經驗而獲得的知識，例如：27% 的鰥夫殺了他們的妻子

   □ 違背經驗的知識，例如：妻子為了樂趣而偽造死亡

   □ 知識是獨立於經驗的，例如：寡婦是無丈夫的

4. 下列哪位哲學家最有可能在墓園思考死亡時被遇到？

   □ 亞里斯多德

   □ 海德格

   □ 馬克・奧里略

   □ 康德

5. 我說享樂主義，你會說
   ☐ 第歐根尼
   ☐ 奧古斯丁
   ☐ 伊比鳩魯
   ☐ 溫泉假期

6. 假設你身處於一個有關氣候變化的激烈爭論中。我說：「不承認有氣候變化的人，肯定活在另一個星球上。」這屬於何種修辭錯誤？
   ☐ 人身攻擊
   ☐ 循環論證
   ☐ 均衡普遍化
   ☐ 農民修辭

7. 著名的「特修斯之船辯證」是因為船本身發生了什麼事，所以產生身分問題？
   ☐ 它沒有再被當做船舶使用
   ☐ 它被海盜擊沉
   ☐ 所有零件被逐一更換
   ☐ 它被分成兩個較小的船隻

8. 解釋學循環是……？
   ☐ 往往比大眾運輸系統快
   ☐ 一個可以將文本視為一個整體，以便了解其各個部分的過程
   ☐ 古老宗教文本的研究
   ☐ 我們所想，但不說出口

9. 這本書裡的哪位哲學家與辛普森家庭裡的喜金涅校長相似，因為他嚴守傳統和規則，而且希望能改善社會？

　　☐ 柏拉圖

　　☐ 亞里斯多德

　　☐ 馬克·奧里略

　　☐ 孔子

10. 「啦啦隊效果」是什麼意思？

　　☐ 人們相信一切以歌曲形式展現的內容

　　☐ 多重複一次口頭禪，效果就越強

　　☐ 群組往往會因為一位有魅力的領導者而形成

　　☐ 人們在群體中往往表現得更具吸引力

11. 根據義務論，人們何時會遵守道德？

　　☐ 行動具有積極的結果

　　☐ 當人忠實遵守規則時

　　☐ 有道德的人（道德則自動跟隨）

　　☐ 對小朋友很友善，並且購買有機食品的人

12. 如何能更像尼采的超人？

　　☐ 需要一個斗篷和意識形態

　　☐ 接受只有神能賦予存在的意義

　　☐ 接受不存在的意義，並進而賦予自己個人意義

　　☐ 搬到閣樓去

13. 什麼是「帕斯卡的賭注」？

□ 分析相信上帝是否較好

□ 分析相信上帝好，還是相信眾神更好

□ 分析是否相信獨角獸較好

□ 分析是否神討厭性

14. 「釋經」是什麼？

□ 讀神學文本

□ 忽略神學文本

□ 不屑神學文本

□ 解釋神學文本

15. 「好漂亮的汽車！如果發生什麼事的話會好可惜！」是何種例子？

□ 詮釋學

□ 釋經

□ 間接語言

□ 嘲諷

16. 依據波普爾，何者屬科學？

□ 白色工作服和實驗室人員

□ 實驗

□ 爆炸

□ 證偽

17. 何者為「蓋提爾難題」？

　　□ 如果不存在正確的答案，還可以稱其為知識嗎？

　　□ 當自己所相信的是錯誤時，還可以稱其為知識嗎？

　　□ 當支撐自己信念的理由是錯的，但結果仍然是正確時，還可以稱其為知識嗎？

　　□ 當感覺良好時，有可能會出錯嗎？

18. 根據米蘭多拉，該如何定義人類？

　　□ 理性主義：我們就是我們，別無他人

　　□ 條件：我們沒有，但其他所有生物都有

　　□ 死亡：我們知道我們就是我們，別無他人

　　□ 權力：目標合理化了手段

19. 傅柯對其「考古學」的定義？

　　□ 我們的性格受時間影響

　　□ 挖得夠深時，大家都平等

　　□ 哲學將會像恐龍一樣滅絕

　　□ 就像房子蓋在地基上，社會建立於知識的基礎之上

20. 根據馬克思，歷史為何種抗爭……？

　　□ 政治家

　　□ 明星

　　□ 名人

　　□ 階級

21. 哪位作者寫道：「權力導致人們腐敗和不擇手段」？

□ 馬基維利

□ 薩德侯爵

□ 柯聰明

□ 沙特

22. 伊比鳩魯享樂主義的中心思想是什麼？

□ 找出小事的樂趣

□ 盡量大力消費

□ 學會不想獲得別人都有的東西

□ 與心愛的人分開，並且不支付任何贍養費

23. 根據羅爾斯，無知的面紗除了能克服偏見之外，還能克服什麼？

□ 原計劃

□ 原始前提

□ 一些原始建議

□ 原初立場

24. 所有人在何時皆簽署了盧梭的社會契約？

□ 達到法定年齡時

□ 作為一個納稅人時

□ 接受所有條款和條件時

□ 有趣的問題，基本上我們從未簽過

25. 在富豪政治下，誰來主政？
  - ☐ 擁有最多武器者
  - ☐ 擁有最多錢者
  - ☐ 得票最多者
  - ☐ 知道何謂富豪政治者

26. 金科玉律與絕對命令間的區別為何？
  - ☐ 必須要按照自己的宗教規則對待他人
  - ☐ 對待他人，必須要以能合理解釋的方式
  - ☐ 對待他人，必須要以能想像成普世規則的方式
  - ☐ 必須要以一位好律師能辯護的方式對待他人

27. 按照柏拉圖的理論，真實如何呈現給我們？
  - ☐ 像牆壁上的陰影
  - ☐ 像腦裡的陽光
  - ☐ 像我們洞穴裡的回音
  - ☐ 像腳上的腳鏈

28. 根據維根斯坦，我們的世界受限於何？
  - ☐ 語言
  - ☐ 儲蓄
  - ☐ 社會契約
  - ☐ 護照

29. 下列何者非「明希豪森三重困境」？

☐ 無窮倒退

☐ 假設性的可能

☐ 循環論證

☐ 教條式判斷

30. 辯證方法的步驟以及名稱為何？

☐ 方向

☐ 你以及對手

☐ 正、反、合

☐ 問題、答案、反駁以及結論

問題的答案在下一頁。不要作弊！

正確答案：1 A, 2 B, 3 D, 4 B, 5 C, 6 A, 7 C, 8 B, 9 D, 10 D, 11 B, 12 C, 13 A, 14 D, 15 C, 16 D, 17 C, 18 B, 19 A, 20 D, 21 A, 22 A, 23 D, 24 B, 25 B, 26 C, 27 A, 28 A, 29 B, 30 C

2AB723

廁所裡的哲學課

每天 14 分鐘，跟著蘇格拉底、笛卡兒、尼采等 13 位世界哲人，秒懂 100 個最經典的哲學思維
Klo-Philosoph: In 100 Sitzungen zum Klugscheißer

作　　者	亞當・弗萊徹（Adam Fletcher） 盧卡斯・NP・艾格（Lukas N.P. Egger） 康拉德・柯列弗（Konrad Clever）
譯　　者	彭菲菲
審　　定	陳俊宇
責任編輯	許瑜珊
封面設計	廖韡
內頁設計	江麗姿
內頁插圖	淺山設計
行銷企畫	辛政遠、楊惠潔
總 編 輯	姚蜀芸
副 社 長	黃錫鉉
總 經 理	吳濱伶
發 行 人	何飛鵬
出　　版	創意市集
發　　行	英屬蓋曼群島商家庭傳媒股份 有限公司城邦分公司
展售門市	台北市民生東路二段 141 號 1 樓
製版印刷	凱林彩印股份有限公司
I S B N	978-986-0769-82-1
二版 5 刷	2024 年 8 月
定　　價	380 元

香港發行所　城邦（香港）出版集團有限公司
　　　　　　香港灣仔駱克道 193 號東超商業中心 1 樓
　　　　　　電話：(852) 25086231
　　　　　　傳真：(852) 25789337
　　　　　　E-mail：hkcite@biznetvigator.com

馬新發行所　城邦（馬新）出版集團
　　　　　　Cite (M) Sdn Bhd
　　　　　　41, Jalan Radin Anum, Bandar Baru Sri
　　　　　　Petaling,
　　　　　　57000 Kuala Lumpur, Malaysia.
　　　　　　電話：(603) 90578822
　　　　　　傳真：(603) 90576622
　　　　　　E-mail：cite@cite.com.my

客戶服務中心
地址：10483 台北市中山區民生東路二段 141 號 B1
服務電話：(02) 2500-7718、(02) 2500-7719
服務時間：週一至週五 9：30 ～ 18：00
24 小時傳真專線：(02) 2500-1990 ～ 3
E-mail：service@readingclub.com.tw

國家圖書館出版品預行編目資料

廁所裡的哲學課：每天 14 分鐘，跟著蘇格拉底、笛
卡兒、尼采等 13 位世界哲人，秒懂 100 個最經典
的哲學思維 / 亞當. 弗萊徹，盧卡斯.NP. 艾格，康拉
德. 柯列弗作. -- 二版. -- [臺北市]：創意市集出版
：英屬蓋曼群島商家庭傳媒股份有限公司城邦分公
司發行, 2022.04 面；　公分
譯自：Klo-Philosoph：In 100 Sitzungen zum
　　　Klugscheißer.
ISBN 978-986-0769-82-1(平裝)
　1. 哲學 2. 通俗作品

100　　　　　　　　　　　　　　　111000915